商场超市营销与促销

新零售运营管理项目组　组织编写

化学工业出版社

·北京·

内容简介

《商场超市营销与促销》一书详细论述了新零售时代商场超市的转型、商场超市营销认知、微信公众号营销、微信小程序营销、微博营销、社群营销、直播营销、网红营销、大数据营销、O2O营销、广告营销、会员营销、服务营销、节日促销14个部分的内容。

本书定位于实操，完全去理论化，内容简洁实用，同时板块设置精巧、结构清晰明确。既可作为专业培训机构、院校相关专业等的培训教材、培训手册，又可以作为商场超市各级人员的工作指导书，直接应用于实际工作中。

图书在版编目（CIP）数据

商场超市营销与促销／新零售运营管理项目组组织编写．—北京：化学工业出版社，2021.2（2024.10重印）

（新零售经营管理一本通）

ISBN 978-7-122-38110-1

Ⅰ.①商… Ⅱ.①新… Ⅲ.①商场-市场营销②商场-促销策略③超市-市场营销④超市-促销策略 Ⅳ.①F717

中国版本图书馆CIP数据核字（2020）第243622号

责任编辑：陈　蕾　　　　　　　　　　加工编辑：王春峰　陈小滔
责任校对：刘　颖　　　　　　　　　　装帧设计：尹琳琳

出版发行：化学工业出版社（北京市东城区青年湖南街13号　邮政编码100011）
印　　装：北京盛通数码印刷有限公司
710mm×1000mm　1/16　印张14½　字数264千字　2024年10月北京第1版第4次印刷

购书咨询：010-64518888　　　　　　　　　　售后服务：010-64518899
网　　址：http://www.cip.com.cn
凡购买本书，如有缺损质量问题，本社销售中心负责调换。

定　　价：68.00元　　　　　　　　　　　　　　　　版权所有　违者必究

前言

  遍地开花的商场超市给人们的生活带来了便利，成为人们生活中不可或缺的一部分。在经济多元化发展的大环境下，消费者对购物体验的要求越来越高，既注重产品也注重消费体验，而智能陈列及商超设备的出现，则满足了消费者的需求，促进了商超行业的发展，也适应了时代的发展。

  随着电商行业的不断发展，传统零售行业经历了一段长时间的低迷，但在互联网技术的推进下，零售行业将线上技术融会贯通，新零售应运而生，成为当下的热门行业。

  零售行业一直秉承着客户、流量为上帝的原则，只有留住顾客，增强客户的黏性，才能得到更长久的发展。然而在如今这样一个竞争压力大的网络时代，仅靠着卖场的营销手段已经不能将客户牢牢绑定。商场超市亟需找到新的营收增长点，突破口便是结合科技，让企业往信息化、数字化、智能化的方向发展。如果卖场结合公众号、小程序、微信搜索等线上有效手段，就能很好地保留客户的信息，大幅度增加客户黏性，通过更多端口，有效沉淀客户资源。

  目前，为应对电商冲击以及激烈的市场竞争，大多商场超市积极探索，不断创新商业业态，尝试线上线下融合业务。不仅是互联网企业，传统的商场超市也在悄悄布局到家业务，并且已经从最初的和第三方平台合作，发展到开发独立的App或小程序。

  新零售可以说是商场超市依托互联网，通过运用大数据、人工智能等先进技术手段，对商品的生产、流通与销售过程进行升级改造，进而重塑业态结构与生态圈，并对线上服务、线下体验以及现代物流的深度融合。

  新零售的时代，就是让消费者的体验更快速、更便捷、更有价值。在互联网的高速发展下，零售行业只有打通更多渠道，才能有效占领市场份额，实现更高效的运营！

  基于此，本项目组编写了"新零售经营管理一本通"丛书，具体包括《商场超市运营与管理》《商场超市布局与陈列》《商场超市营销与促销》《商场超市卖场服务与生鲜管理》。

其中,《商场超市营销与促销》由导读[新零售时代商场（超市）的转型]和商场（超市）营销认知、微信公众号营销、微信小程序营销、微博营销、社群营销、直播营销、网红营销、大数据营销、O2O营销、广告营销、会员营销、服务营销、节日促销等内容组成。

本书定位于实操，完全去理论化，内容简洁实用，同时板块设置精巧、结构清晰明确。既可作为专业培训机构、院校相关专业等的培训教材、培训手册，又可以作为商场（超市）各级人员的工作指导书，直接应用于实际工作中。

在本书的编写过程中，由于笔者水平有限，加之时间仓促，疏漏之处在所难免，敬请读者批评指正。

编者

目录

导读 新零售时代商场（超市）的转型

0.1 新零售概念的由来　　　　　　　　　　　　　　1
0.2 新零售与传统零售的区别　　　　　　　　　　　2
0.3 传统零售向新零售的转型　　　　　　　　　　　3
0.4 新零售时代的新营销　　　　　　　　　　　　　6

第 1 章 商场（超市）营销认知

当前，我们的消费群体、消费需求、消费渠道、消费习惯、消费频率都发生了巨大的变化。面对新的形势，商场（超市）应重视和发展市场研究，加强营销思路的开发、营销战略的研究以及策略的实时调整，以便对企业的发展起到积极的推动作用。

1.1 营销策划的概念　　　　　　　　　　　　　　10
1.2 营销策划的原则　　　　　　　　　　　　　　10
1.3 营销策划的内容　　　　　　　　　　　　　　12
1.4 营销策划的发展阶段　　　　　　　　　　　　12
1.5 营销策划的步骤　　　　　　　　　　　　　　13

第 2 章 微信公众号营销

微信公众号作为一种用户根据自己的价值判定和需求自主选择的社群，拉近了人们之间的距离，加之近乎真实的在线沟通与用户体验、互动，使商家能以一种隐形的"面对面"交流的方式解答用户疑虑，从而让整个社交过程变得有温度，营销效果更容易达成。

2.1 微信公众号的分类	18
相关链接　订阅号、服务号功能区别	19
2.2 微信公众号的营销优势	20
2.3 微信公众号营销的步骤	22
2.4 微信公众号营销的策略	25
相关链接　天虹商场做到极致的微信营销	26
2.5 微信公众号的运营策略	30
相关链接　小型超市公众号该怎么运营	32

第 3 章 微信小程序营销

当今零售行业竞争越来越激烈，商家只有想方设法依托互联网和一些新兴技术，对商品的生产、流通与销售过程进行升级改造。于是近两年来，不少商家都选择制作自己的小程序，使用"线上+线下"的方式帮助自己打开更多销售渠道。

3.1　什么是小程序	36
3.2　小程序营销的优势	37
相关链接　小程序与新零售的完美结合	39
3.3　玩转小程序的策略	39
3.4　小程序商城的引流	41
相关链接　"家乐福中国"小程序上线9个月访问量过2亿次	44

第 4 章　微博营销

微博营销是新推出的一种网络营销方式，由于其具有传播广泛、定位精准和传播实时等特性，在新媒体时代已经成为电子商务中新颖独特的一种营销模式，是新媒体时代的有效营销手段。

4.1　微博营销的认识	50
4.2　微博营销的作用	50
相关链接　沃尔玛正式启动微博营销战略	51
4.3　微博营销的策略	52
相关链接　苏宁易购的微博营销战略	54
4.4　微博营销的技巧	55
【范本】广州××商场微博推广方案	59
4.5　微博营销的注意事项	62
相关链接　微博营销中需注意的"雷区"	64

第 5 章　社群营销

相比于传统的营销手段来说，社群的概念本身就是私域流量的一部分，社群营销本质是低成本吸引新客户、快速建立彼此信任、提高弱关系的成交率、增加老客户或强关系的裂变。社群营销通过有价值的互动，建立强关系，提高社群成员的关注度和参与感。

5.1　社群营销的概念　　　　　　　　　　　　　　　　　68
5.2　社群营销的好处　　　　　　　　　　　　　　　　　68
　　相关链接　创建微信群，服务销售进小区入家门　　　69
5.3　营销社群的运营　　　　　　　　　　　　　　　　　70
　　相关链接　天虹超市顾客社群营销提升消费者满意度　76
5.4　社群营销的策略　　　　　　　　　　　　　　　　　77
　　【范本】××超市的社群营销方案　　　　　　　　　78

第 6 章　直播营销

直播带货作为一种线上的营销方式，特别是在2020年初的疫情时期成为不少企业的"自救"措施。众多将直播视为临时性"自救"措施的企业，无意中获得了新的增长点，其中不乏商场（超市）这样长期钟情于线下的实体经营者。

6.1　直播营销的概念　　　　　　　　　　　　　　　　　82

6.2　直播营销的优势　　　　　　　　　　　　　　82
　　相关链接　直播——增量的"万金油"　　　　83

6.3　直播营销的常见模式　　　　　　　　　　　　84

6.4　直播平台的选择　　　　　　　　　　　　　　85
　　相关链接　抖音直播带动消费升温　　　　　　86

6.5　直播主播的挑选　　　　　　　　　　　　　　87

6.6　直播活动的预热　　　　　　　　　　　　　　89

6.7　直播品类的选择　　　　　　　　　　　　　　89
　　相关链接　永辉超市将直播间"搬"到田间地头　92

6.8　直播时间的选择　　　　　　　　　　　　　　93

6.9　直播场地的搭建　　　　　　　　　　　　　　93

6.10　直播流量的变现　　　　　　　　　　　　　 94
　　相关链接　商场（超市）如何实力避"坑"，真"带货"　96

第 7 章　网红营销

　　作为一个快速崛起的新生事物，网红经济正以令人瞠目结舌的速度发展。随着更多著名企业家、当红明星、知名专家等的加入，在当前"互联网+"迅猛发展的大时代背景下，网红经济还将会被挖掘和发挥出更加丰富的社会内涵和商业应用价值。

7.1　什么是网红营销　　　　　　　　　　　　　　100

相关链接　广州商超爱上"网红" 100

7.2 网红营销的优势 101

7.3 网红营销的价值 103
相关链接　重庆商场试水网红营销赚眼球 105

7.4 网红营销策略 106
相关链接　网红电商时代,零售业该如何选择 108

第 8 章　大数据营销

在大数据时代下,人们在网络上留下的脚印越来越多。这不仅伴随着一连串的信息数据流化和营销反思,而且还造就了以数据为核心的营销闭环,即"消费—数据—营销—效果—消费",现如今,以数据为导向的精准化营销开始逐步替代传统的营销方式。

8.1 大数据营销的概念 112
8.2 大数据营销的作用 112
8.3 大数据营销的环节 113
8.4 大数据精准营销的策略 116
相关链接　乐购超市玩转大数据营销 119
8.5 大数据营销的应用 120
相关链接　大数据在新零售中的应用 123

第 9 章 O2O营销

商业模式的创新往往源于消费习惯的变化。转眼之间，移动互联网的出现，令PC端的电子商务，变成了"传统电子商务"。得益于移动互联网的发展成熟，商界多年一直得不到真正落地的O2O（Online to Offline，在线离线/线上到线下）模式，终于看到走向更光明未来的曙光。

9.1 O2O营销的概念	126
9.2 O2O营销的优势	126
9.3 O2O引流的策略	127
9.4 O2O营销的渠道	128
相关链接 天虹商场打通渠道，实现购物线上线下一体化	131
9.5 O2O营销的策略	134
9.6 O2O营销的方法	135
相关链接 超市做O2O的15种模式	138

第 10 章 广告营销

随着经济全球化和市场经济的迅速发展，在企业营销战略中广告营销活动发挥着越来越重要的作用，是企业营销组合中的一个重要组成部分。

10.1	什么是广告营销	144
10.2	广告营销的作用	144
10.3	电视广告营销	144
10.4	内部电视广告营销	145
10.5	电台广告营销	146
10.6	报纸广告营销	146
10.7	杂志广告营销	147
10.8	DM广告营销	148
10.9	公交站牌广告营销	150
10.10	店外告示牌广告营销	151

第11章 会员营销

随着IT技术的发展，尤其是互联网的普及，会员制营销渐渐成为企业必不可少的选择，谁先建立会员制营销体系，谁将在激烈竞争中处于优势。

11.1	什么是会员营销	154
11.2	会员营销的好处	154
	相关链接　广东永旺紧抓会员经济	155

11.3	会员卡的分类	156
11.4	会员营销的步骤	159
	相关链接　连锁超市如何玩转会员营销	162
11.5	会员营销的策略	165
	【范本】××商场"你若常来，便是晴天"会员专场营销策划方案	168
11.6	打造会员日	173
	相关链接　家乐福"随时会员日"权益升级	174

第 12 章　服务营销

当前，零售企业竞争的焦点已转向了服务方面。服务具有无形性、同时性、差异性、可变性和易逝性等特点，是不可触摸和难以模仿的东西，已经成为零售企业塑造企业形象、区别于竞争对手、赢得顾客的最重要的途径。

12.1	什么是服务营销	176
12.2	服务营销的关键点	176
12.3	服务营销的起点	177
	相关链接　顾客有哪些需求	177
12.4	服务营销的重点	178

12.5　服务营销的提升　　　　　　　　　　　　　　　　183
　　　相关链接　部分超市服务细节缺少人性化　　　　183
12.6　服务营销的精髓　　　　　　　　　　　　　　　　185

第13章　节日促销

节日促销，一直以来是企业、商家着力打造推出的重要营销手段之一。商场（超市）可以运用多种不同的促销模式，反复开展促销活动，并熟练运用优惠券、样品赠送、返还、以旧换新等多种工具，全面完善促销效果。

13.1　什么是节日促销　　　　　　　　　　　　　　　　188
　　　相关链接　节日的分类　　　　　　　　　　　　　188
13.2　节日促销的原则　　　　　　　　　　　　　　　　188
13.3　节日促销的策略　　　　　　　　　　　　　　　　190
13.4　节日促销活动策划的步骤　　　　　　　　　　　　191
13.5　节日促销活动策划的细节　　　　　　　　　　　　193
13.6　节日促销活动策划的关键　　　　　　　　　　　　194
　　　相关链接　节日促销活动策划需注意的问题　　　　196
13.7　节日促销的实施　　　　　　　　　　　　　　　　199
　　　【范本1】××商场元旦促销方案　　　　　　　　　203

【范本2】××商场五一劳动节促销方案　　　　　　　　205

【范本3】××超市儿童节促销方案　　　　　　　　　　207

【范本4】××超市端午节促销方案　　　　　　　　　　211

【范本5】××超市中秋节促销方案　　　　　　　　　　213

【范本6】××超市国庆节促销方案　　　　　　　　　　215

导读
新零售时代商场（超市）的转型

随着互联网和电子商务的发展，现如今，传统意义上的零售商业模式已经难以满足社会发展需要，尤其是经营结构和产业结构方面受到了严重影响，因此我国零售行业逐渐开始转型升级，形成了传统零售和网络零售并存的新型零售模式。

0.1 新零售概念的由来

2016年10月13日，时任阿里巴巴董事局主席的马云在阿里云栖大会上首次提出了"新零售"概念。马云提到，纯电商时代很快会结束，未来十年、二十年，只有新零售这一说，线上线下和物流必须结合在一起，才能诞生真正的新零售。

如今这一新概念已经得到了广泛认可，新零售就是指个人、企业以互联网为依托，通过运用大数据、人工智能等先进技术手段，对商品的生产、流通与销售过程进行升级改造，进而重塑业态结构与生态圈，并对线上服务、线下体验以及现代物流进行深度融合的零售新模式。如图0-1所示。

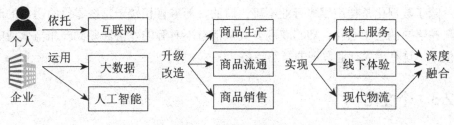

图0-1 新零售的概念

> **小提示**
>
> 新零售的关键在于使线上的互联网和线下的实体店形成真正的合力，从而完成电商平台和实体店的优化与升级。

0.2 新零售与传统零售的区别

相较于传统零售行业，新零售的本质区别可以分为图0-2所示的四点。

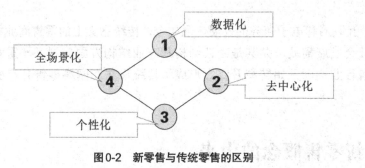

图0-2 新零售与传统零售的区别

0.2.1 数据化

在新零售业态中，人、货物、场地三者之间的关系将率先发生改变。对传统零售商家来说，很难收集到消费用户的行为和相关信息。但是在新零售环境中，可以通过对顾客的消费行为及其他信息，构建用户画像，打造数据化运营的基础。

0.2.2 去中心化

除了数据化是传统零售行业不可比肩的，新零售相较于传统零售的明显的改变还在于它的去中心化。即将获利方式从信息不对等的差价回归到产品与效能的增值中。这是零售行业发展的必然趋势。

0.2.3 个性化

在物质极大丰富的今天，人们对个性化的要求越来越高，为了满足消费者多变、多样化的需求,新零售必须要更加重视消费者的需求,更及时地调整营销战略。个性化的表现,除了产品的定制化,以满足不同消费者的需求之外,还有消费场景的要求。

0.2.4 全场景化

在新零售模式之下,消费场景无处不在。线上与线下应该是紧密结合在一起的,偏重其中一方都可能导致战略上的失衡。线上平台搭建,线下沉浸式消费场景,都是新零售区别于传统零售的优势。

传统零售购物场景是到店、拿货、付款、走人;网店零售的场景是浏览、购物车、付款、收包裹,相对来讲都比较简单;而新零售场景包括门店购、App购、小程序购、店中店触屏购、VR购、智能货架购、直播购等。

0.3 传统零售向新零售的转型

新零售模式的核心是线上消费、线下体验以及现代物流的深度融合,而深度融合的要以"人"为中心。传统零售要想向新零售转型,图0-3所示的几点措施可供参考。

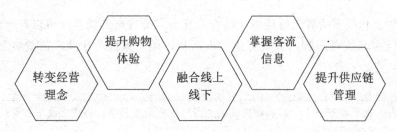

图0-3 传统零售向新零售转型的措施

0.3.1 转变经营理念

为了适应当下市场竞争激烈的现状,传统零售需做好图0-4所示的几点来转变传统的经营理念。

0.3.2 提升购物体验

现今商品的多样化使得商品本身难以有效地对顾客造成影响,因而可以通过打造商品品类组合的消费场景,吸引消费者的注意力及兴趣,触动消费者的购买

1. 要构建起以消费者为中心的经营理念与营销模式，打破传统的商品中心理念，展现零售本身对消费者的价值，实现与顾客关系的良好搭建

2. 要处理好企业与顾客之间的连接关系，实现顾客价值的最大化，打造终身顾客的价值观念

3. 要建立起以流量为中心的观念，牢牢把握目标顾客、连接潜在顾客、转化影响观望顾客及准顾客、打造终身顾客价值的经营主线

4. 不能遗忘了社群对于消费者的影响力，注意企业同社群之间的关系

图0-4　转变传统的经营理念的措施

动机。顾客购物体验的提升，可以增强消费者在门店的黏性，为分析调整提供数据支持。在大数据的分析后，可以精确地为消费者进行画像，从而在消费者的购物过程中推送其可能感兴趣的优惠促销信息，提升顾客的随机采购率，打造终身顾客价值。

0.3.3　融合线上线下

将线上和线下两者进行巧妙地结合，充分发挥各自的优势，可以在一定程度上突破区域和流量限制，有效促进"人、货、场"重构。在此，需要做到图0-5所示的几点。

1. 在现有基础上，对实体店面的加盟标准逐渐规范化，将线上线下的价格标准进行统一

2. 线上线下双方达成合理的利益分配方案

3. 建立一个可以提供库存及会员信息等内容的共享系统

4. 培训门店导购，使其理解线上线下零售模式，使门店导购与线上导购相互融合、互相合作

图0-5　融合线上线下的措施

0.3.4 掌握客流信息

消费者为主导的时代,门店需要高度展现以消费者为中心的理念。门店规划的核心就是留住顾客、增加顾客停留时间,让消费者成为主角。可以通过技术上的支持,实现大数据的采集及相应的管理,从而精确掌握消费者在卖场里的购物线路、停留时间、意向商品及购物清单等,实现人、货、场的数据关联,为门店的调整提供数据支持。

另外,也可以实现自助收银,自助收银不仅节省费用,还可以解决消费者注册问题,把消费者变为数据化资产,成为可以连接的流量资源,而且还有利于提升年轻消费群体的购物体验。

0.3.5 提升供应链管理

当生鲜行业进入"中场战事",供应链管理能力,就成了品牌最根本最核心的竞争力。毕竟,在特殊的疫情期间,消费者的诉求是"有得吃",也就是说,只要品牌有东西卖,能够满足基本的需求,消费者不会有太多挑剔。而当整个社会已经全面恢复常态后,消费者的需求也就回到了"吃得好",这时候,以更快的速度交付给顾客新鲜、实惠、丰富的产品,就需要供应链有稳定不断的供给能力了。

从市场背景到消费需求,都指向了企业建立供应链的重要性与必要性。一直是行业标杆的"盒马鲜生",以战略性外延、策略性调整的思路,再次为生鲜新零售提供了"中场进阶"的"样本"。

阿里巴巴相关负责人在接受媒体采访时曾表示:"2020年盒马会把供应链能力放在第一位,去建设一批愿意跟盒马共同成长的战略供应商,以及建各种各样的蔬菜基地、水果基地、肉禽蛋的战略合作伙伴基地等,希望到年底以后,盒马有50%商品外面是买不到的。"

为了实现这一点,盒马计划2020年在国内所有盒马入驻的城市建立加工中心,从而保证门店供应商品的能力。而早在2018年11月,盒马就宣布启动了总投资达20亿元的华中区域供应链运营中心项目。

但加工中心并不是盒马供应链的终局。"建立产、供、销三大中台,在全国落地1000个数字农业基地,对农业产业进行全链路数字化升级"的阿里数字农业事业部,在2020年4月,将百亿级产业基地落户在上海浦东新区航头镇。

这座百亿级产业基地是一个集全自动立库、自动存储输送、分拣加工为一体的加工配送中心,预计2022年投产使用,年营收将超100亿元,服务于上海各大盒马门店。盒马村、数字农业示范基地和订单农业生产基地,将在上海全速开拓。

0.4 新零售时代的新营销

万变不离其宗,新零售无论如何新,其本质还是零售,零售就是买卖。既然是买卖,就要营销,那么新零售时代的营销与传统零售的营销有什么区别呢?具体如图0-6所示。

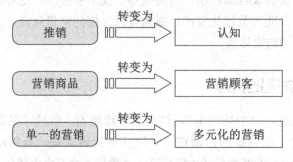

图0-6 新零售时代的营销与传统零售营销的区别

0.4.1 从推销转变为认知

我们从物质贫乏的时代逐渐进入了物质丰富的时代,新零售时代的营销也从过去推销的销售方式,转变到教消费者认知商品。新营销就是教消费者认知商品,教消费者如何买得更好,更实惠,更加有意义和价值。

比如,作为茶叶的零售商,不是天天说茶叶有多么好,而是要教消费者,如何鉴别哪个是有机茶,哪个是农药茶,哪个是好茶,怎么喝茶最有味道和感觉,如何才能泡一壶好茶,甚至上升到茶艺和茶文化等。

零售商要站在消费者的角度教他们认知商品,让消费者相信你,建立信任体系,从而成为你的忠诚粉丝。

0.4.2 从营销商品转变为营销顾客

以前的经营理念、经营模式严重缺乏经营顾客的思想,进而零售与顾客之间构建起来的是一种非常松散的关系。这种关系赖以存在的基础就是商品特价。零售商有商品特价,顾客就会光临;没有了商品特价,顾客就可能去了其他商家。商家与顾客之间松散的关系,是导致顾客流失的最主要原因。零售商如果还是继续以往的营销模式,以商品为中心、以价格为主要营销手段,很难扭转销售下降的趋势。新营销一定是以顾客为中心的营销，听取顾客的心声，看顾客喜欢什么，需求、追求的是什么，并与顾客建立起紧密的联系。

0.4.3 从单一的营销转变为多元化的营销

消费者场地已经多元化，商场、购物中心、便利店、自媒体、微信朋友圈、微博、电子商务、移动端、智能终端、VR（Virtual Reality，虚拟现实）等，消费场景的多元化促使新营销多元化，新营销需要做到内容全渠道，随处可触达。消费者可以从各种渠道获得各种商品相关的信息，可以通过各种社交媒体平台、品牌官网、电商网站等搜索产品信息、商品推荐、营销活动信息等。新营销需要在各个接触点满足消费者的内容需求。从过去单一渠道、单一营销表现方式，转变为全渠道营销、全方位的表现形式。全渠道营销是指线上线下融合营销；全方位营销是指通过文字、图片、视频、直播等方式，以各种各样的有创意、有情怀、有温度的表现形式，进行品牌产品的营销。

第 1 章
商场（超市）营销认知

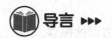 导言 ▶▶▶

当前，我们的消费群体、消费需求、消费渠道、消费习惯、消费频率都发生了巨大的变化。面对新的形势，商场（超市）应重视和发展市场研究，加强营销思路的开发、营销战略的研究以及策略的实时调整，以便对企业的发展起到积极的推动作用。

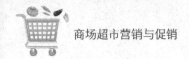

1.1 营销策划的概念

营销是指企业发现或挖掘准消费者需求，从整体氛围的营造以及自身产品形态的营造上去推广和销售产品，主要是深挖产品的内涵，切合准消费者的需求，从而让消费者深刻了解该产品进而购买的过程。由此可以看出，营销的目的和本质如图1-1所示。

图1-1 营销的目的和本质

营销策划是根据企业的营销目标，通过设计和规划企业产品、服务、创意、价格、渠道、促销，从而实现个人和组织的交换过程的行为，其核心为满足消费者需求和欲望。

现代管理学将营销策划分为图1-2所示的四个方面的内容。

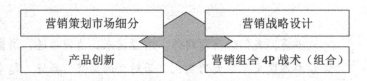

图1-2 营销策划的内容

营销策划首先要确定营销理念，其次是在营销理念基础上进行策划。

1.2 营销策划的原则

企业营销策划的目的是为了提升企业的品牌价值和其产品的市场价值。对此企业营销策划不仅需要进行详尽的市场分析和明确策划主体，另外企业营销策划还需要遵循一定的原则。具体如图1-3所示。

1.2.1 战略性原则

企业市场营销策划一般从战略高度，对企业营销目标、营销手段进行合理的

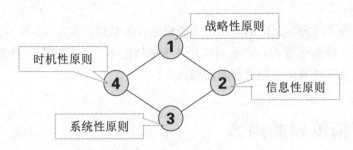

图1-3 营销策划的原则

规划与设计,而市场营销策划方案确认完成时,将成为企业未来发展方向的营销指南针。也可以这么认为,企业未来的整个营销工作必须要以"市场营销方案"为核心。对此,企业在进行营销策划时,必须遵循战略性原则,以企业营销战略为核心去审核它,务求精益求精、周密完善。

1.2.2 信息性原则

企业在进行营销策划时必须掌握大量有效的市场信息,才能进行准确的规划。若没有这些信息,将会导致企业营销策划出现盲目性和误导性。同时,企业营销人员在执行过程中,将会出现营销策划方案内容与现实情况不吻合的状况。对此,企业在设计营销策划方案时,必须以充分的调研信息为前提条件,只有海量的准确的市场信息,才能确保企业市场营销策划方案成功实施。

1.2.3 系统性原则

企业营销策划是一个系统性工程,其系统性具体有以下两点表现形式。

(1)企业营销策划工作是企业经济活动不可缺少的一个部分,营销策划工作的完成依赖于企业各个部门的支持与帮助,并非是一个营销策划部门就能完成的工作。

比如,商品质量、商品种类等问题,必须依靠采购部门、卖场理货人员的帮助配合才能完成。

(2)企业在进行营销策划时要系统性分析内部环境和外部环境影响,比如宏观市场环境、竞争对手情况、消费者需求、企业本身产品以及市场情况等方面,将这些因素结合利用起来,为企业展开营销策划服务。

1.2.4 时机性原则

企业实施营销策划时,不仅要"及时""快捷",更需要把握"机会",要重视"空间"与"时间"之间的衔接，才能确保营销策划完美完成。

在目前市场需求量大、产品同质化严重的情况下，如何标新立异推出自身的产品，是企业营销策划必须考虑的问题。

1.3　营销策划的内容

营销策划是为了完成营销目标，借助科学方法与创新思维，立足于企业现有营销状况，对企业未来的营销发展做出战略性的决策和指导，带有前瞻性、全局性、创新性和系统性。营销策划的内容如图1-4所示。

图1-4　营销策划的内容

1.4　营销策划的发展阶段

营销策划适合任何一个产品，包括无形的服务，它要求企业根据市场环境变化和自身资源状况做出相适应的规划，从而提高产品销售，获取利润。营销策划的发展分为图1-5所示的三个阶段。

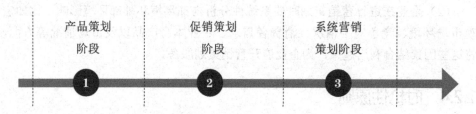

图1-5　营销策划的发展阶段

1.4.1 产品策划阶段

此阶段的企业主要的营销策划工作是集中力量改进产品,而不注重顾客的需求和愿望,并忽略了分销、促销等方面的营销工作,从而导致一旦新技术和替代品出现,企业的产品就出现滞销。

1.4.2 促销策划阶段

企业在这阶段的重点是如何促销自己的产品,因此各企业设置销售人员,并制定激励机制鼓励销售人员多卖产品,并同时运用广告战、价格战来刺激消费者需求,而较少考虑消费者的喜欢和满意程度。

1.4.3 系统营销策划阶段

此阶段企业营销策划的重点是不断分析消费者心理和行为特征,并进行市场细分,通过设计产品、定价、分销和促销等一系列系统手段来满足消费者的需求和欲望。

1.5 营销策划的步骤

一个合适的营销活动策划流程,要避免随意性和盲目性,能够提高工作的效率。具体来讲,营销活动要遵循图1-6所示的八个步骤。

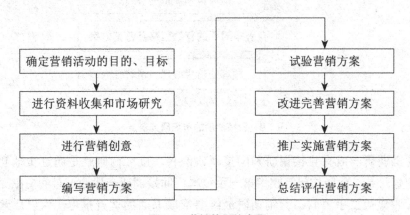

图1-6 营销策划的步骤

1.5.1 确定营销活动的目的、目标

确定营销活动的目的和目标是为整个营销活动确定一个总体构想,为以后的工作计划、方案创意、实施和控制、评估营销效果提供一套标准和依据。没有目的和目标,营销活动就不能做到"有的放矢",以后的所有营销活动将会失去方向,成为"无头苍蝇"。一般说来,营销活动有图1-7所示的三个目的。

图1-7 营销活动的目的

1.5.2 进行资料收集和市场研究

"没有调查就没有发言权",调研工作的重要性不言而喻,然而很多营销方案却不是在调查研究的基础上设计的,这种情况下,营销活动的成功和失败就只能靠碰"运气"了。营销活动的市场研究应该着重在图1-8所示的三个方面。

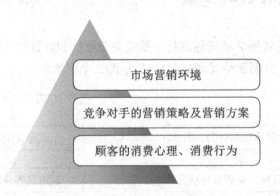

图1-8 营销活动的市场研究重点

营销调研一般有直接调研和间接调研两种。直接调研就是通过实地观察统计、调查问卷、直接访问等收集第一手资料;间接调研一般通过查阅文献、调查报告等收集第二手资料。营销调研最终要形成书面的调查报告,为以后营销创意、方案设计等提供依据。

1.5.3 进行营销创意

好的营销创意是营销成功的一半，创意对营销的重要性不言而喻。进行营销创意，是指在市场营销环境、竞争对手营销策略和方案、消费者心理和行为研究的基础上，提出具有针对性，能够吸引消费者兴趣，激发消费者购买冲动，且便于操作的创意。总的说来营销创意应具有图1-9所示的四个特点。

图1-9 营销创意的特点

营销创意一般包括选择适当的营销工具、确定营销主题等内容。

1.5.4 编写营销方案

营销方案又称为营销策划书，是实施营销活动的指导性文件，营销活动必须严格按照营销方案执行。营销方案一般包括图1-10所示的内容。

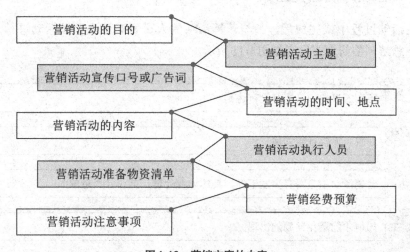

图1-10 营销方案的内容

营销方案编写要尽可能周全、详细、具体，越详细具体就越便于操作实施。

1.5.5 试验营销方案

很多营销活动没有试验这样一道程序,营销创意、营销方案刚制定,就直接拿市场上去操作,一旦失败,损失很难弥补。所以,为了减少营销活动失败所带来的损失,这一程序必不可少。如何进行试验呢?通常的做法是在一个比较小的市场上进行短期操作试验一次,或者是由公司内部一些专家(营销经理、一线市场人员等)对这次营销活动的各个方面的问题进行质疑答辩。

1.5.6 改进完善营销方案

对营销活动试验进行总结,对营销方案不妥或不完善的地方进行修改,或完全放弃原营销方案,选择备选方案。一般而言,编写营销活动创意要准备三个左右,以保证充分的选择空间,没有效果甚至产生负面影响的营销不搞也罢。

1.5.7 推广实施营销方案

营销活动方案在通过试验改进完善之后,进入正式推广实施阶段。在这个阶段,要注意严格按照营销方案和预算执行,营销活动负责人主要职责是监督、指挥、协调和沟通。

1.5.8 总结评估营销方案

在活动过程中或完成后,参与营销活动的人员要对该次营销活动进行总结、评估。总结评估的主要内容如图1-11所示。

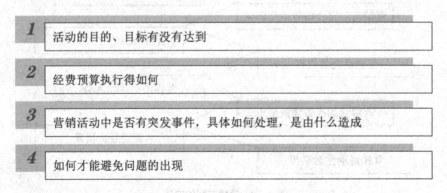

图1-11 总结评估的主要内容

总结评估营销方案要形成完整的书面报告,为下次进行营销活动做准备。

第 2 章
微信公众号营销

导言 ▶▶▶

> 微信公众号作为一种用户根据自己的价值判定和需求自主选择的社群,拉近了人们之间的距离,加之近乎真实的在线沟通与用户体验、互动,使商家能以一种隐形的"面对面"交流的方式解答用户疑虑,从而让整个社交过程变得有温度,营销效果更容易达成。

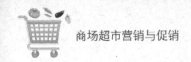

2.1 微信公众号的分类

微信公众号是开发者或商家在微信公众平台上申请的应用账号,该账号与QQ账号互通。通过公众号,商家可在微信平台上与特定群体进行文字、图片、语音、视频的全方位沟通、互动,形成了一种主流的线上线下微信互动营销方式。

微信(WeChat)公众平台,是腾讯公司在微信的基础上新增的功能模块。利用微信公众平台可以实现消息推送,品牌传播和分享等一对多的媒体性行为活动。

目前,微信公众号分为订阅号、服务号、小程序及企业微信四种类型。

2.1.1 服务号

服务号服务属性强,旨在为用户提供服务,给企业和组织提供更强大的业务服务,使其具备更强的用户管理能力,帮助企业快速建立全新的公众号服务平台。服务号主要偏于服务交互(类似银行、114,提供服务查询)。

服务号每个月只能发布四次,每次可以发布多篇软文。推送的类型包括文字、图片、图文、视频、音频,推送后显示在用户聊天列表,即微信首页。申请主体包括个体工商户、企业、媒体、政府机构等(需有相应的证件),个人不能注册。

服务号支持微信支付商户号申请,可以加外部链接。

2.1.2 订阅号

订阅号媒体属性强,旨在为用户提供信息,为媒体和个人提供一种新的信息传播方式,构建与读者之间更好的沟通与管理模式,主要偏于为用户传达资讯(类似报纸杂志)。

订阅号每天可以发布一次推广软文,媒体账号可推送多次。推送的类型包括文字、图片、图文、视频、音频,推送后显示在订阅号文件夹中。申请主体包括企业、媒体、个人、政府。

订阅号不能微信支付,必须配合小程序才能完成。

2.1.3 企业微信

企业微信旨在帮助企业、政府机关、学校、医院等事业单位和非政府组织建立与员工、上下游合作伙伴及内部IT系统间的连接,并能有效地简化管理流程、提高信息的沟通和协同效率、提升对一线员工的服务及管理能力。企业微信主要用于公司内部通讯使用，需要先验证身份才可以关注成功企业号。

2.1.4 小程序

小程序是微信公众号的一种，原来叫应用号。它是服务号的升级版，具有一种新的开放能力，可以在微信内被便捷地获取和传播，同时具有出色的使用体验，是一种不需要下载安装即可使用的应用。小程序实现了应用的"触手可及"，用户扫一扫或搜一下即可打开应用。

全面开放申请后，企业、政府、媒体、其他组织或个人，均可申请注册小程序。

小程序、订阅号、服务号、企业微信是并行的体系。

 相关链接

订阅号、服务号功能区别

订阅号与服务号的功能区别如下表所示。

功能权限	普通订阅号	微信认证订阅号	普通服务号	微信认证服务号
消息直接显示在好友对话列表中			√	√
消息显示在"订阅号"文件夹中	√	√		
每天可以群发1条消息	√	√		
每个月可以群发4条消息			√	√
无限制群发				
保密消息禁止转发				
关注时验证身份				
基本的消息接收/运营接口	√	√	√	√
聊天界面底部，自定义菜单	√	√	√	√
定制应用				
高级接口能力		部分支持		√
微信支付-商户功能		部分支持		√

温馨提示：

（1）如果想简单地发送消息，达到宣传效果，建议选择订阅号；

(2)如果想用公众号获得更多的功能,例如开通微信支付,建议选择服务号;

(3)如果想用来管理内部企业员工、团队,对内使用,可申请企业号;

(4)订阅号不支持变更为服务号,同样,服务号也不可变更成订阅号。

适合订阅号的企业或单位:

服装、餐饮、食品、小商品等,这些行业需要短期、快速地让用户了解到自己产品的最新信息和活动等内容,所以订阅号群发周期1天的设置,是非常适用的。

适合服务号的企业或单位:

服务行业,例如医院、银行、保险等,需要解答客户需求和提问的行业,适合用服务号。服务号提供的自动回复功能、关键字回复功能,还有二次开发功能,都是针对服务客户来设计的,所以这些企业或单位更适合用服务号。

2.2 微信公众号的营销优势

智能手机的出现,加速了移动终端发展的进程。而微信作为一款手机软件,与个人信息紧密相关,智能手机能够随时随地上网,微信公众平台相比于其他网络平台在传播方面也具有明显的优势。具体如图2-1所示。

图2-1 微信公众号的优势

2.2.1　高效抵达

微信公众号的营销模式是指依靠多媒体向用户传递符合社群价值观与兴趣习惯的信息。微信公众号作为社群营销的优秀代表，拥有优于传统营销与其他网络营销的到达率和精准率，能够收集并分析用户的喜好、审美、习惯，可有目的性地制定营销策略，从而展开精准化定位的营销模式。在这一个小的社群环境中，微信公众号先为受众提供其感兴趣的内容，最大限度地引起他们的共鸣与关注，从而利用自身的关注度和受众黏性的影响力获得利润。

2.2.2　口碑效应

社群营销最重要的是形成扎实的口碑与好评，这些所带来的效益会大大超过一味地扩大销量。口碑传播是一种链式传播，对信任度的要求极高，为一种容易扩散的强关系。通过忠实用户逐渐延伸至陌生人中的链状扩散，表现为"我"吸引粉丝、粉丝吸引粉丝的滚雪球形式，这些自发涌过来的用户，都是先被信息"筛"了一道的，可以称为精准用户。而成功进行营销的基础是信任，好口碑源于信任感，如何增强用户的信任感，要看"个人品牌"的树立，"个人品牌"不只是公众号所储备的专业知识，更多的其实是公众号向用户展示的乐观、积极的生活态度、做事风格，与用户相同的生活方式和兴趣习惯，以及较为丰富的生活经历和解决问题的能力。即采用与用户相近的标签强化公众号的魅力，使其成为类似于意见领袖般的存在，时刻保持与用户的黏性，这是加深信任感、获得好口碑的柔性力量。

2.2.3　强交互氛围

如今微信公众号越来越普遍，用户类型也变得更丰富。微信公众号每日推送一次消息，亲民但不扰民，且解禁了时空捆绑，实现了世界各地的同步传播。用户即使错过了实时更新，也可以通过查看历史消息，随时"补课"。多元化的营销模式，给了用户自主选择的权利，精准的定位、及时性的互动，更是拉近了与用户之间的距离，也使整个过程变得生动、有趣。"互动"二字本就透着人性化，在微信公众号这个社群中进行营销并取得成功的原因，主要是取得社群内人们的文化认同并使其获得情感归属，而这个过程的每个细节（包括构建、聚集、经营、推广）都无不弥漫着"人性化"的气息。通过相同利益标签的牵引，即便是很小众化的兴趣和爱好用户也都可以在公众号中找到认同感，随之进行的日常沟通与交流也就自然而然了，这便是所谓的强交互效果。

2.3 微信公众号营销的步骤

微信公众号,因为拥有了海量用户和实时、充分的互动功能,正成为营销利器。对于商场(超市)来说,想做好微信公众号营销可参考图2-2所示的步骤。

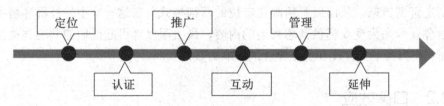

图2-2 微信营销的步骤

2.3.1 定位

定位是微信公众号建设的基础,也是一个微信公众平台给外界的形象。公众号的定位决定公众号的后期发展方向。

(1)定位的好处。公众号定位是分析所有问题的起点,可以保证思考方向不偏离,能顺利抵达终点。具体来说,公众号定位具有图2-3所示的好处。

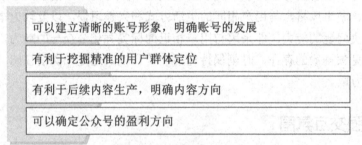

图2-3 公众号定位的好处

(2)定位的关键点。公众号定位,其实就像做产品定位一样,需要把握图2-4所示的几个关键点。

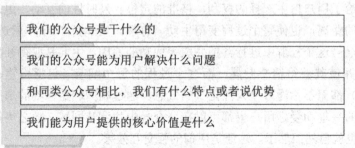

图2-4 微信公众号定位需把握的关键点

2.3.2 认证

说到公众号认证问题,相信很多运营过公众号的都知道申请公众号认证大有好处,具体如图2-5所示。

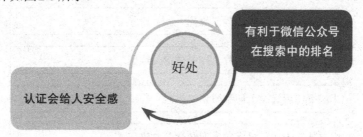

图2-5 微信公众号认证的好处

2.3.3 推广

目前微信推广有线上推广和线下推广两种。

(1)微信线上推广。微信线上推广的方法有图2-6所示的几种。

1 EDM(电子邮件营销),对于企业可在EDM邮件中嵌入微信二维码

2 在企业的博客、论坛、QQ群等挂出微信二维码

3 在企业的官方网站,直接挂出微信二维码

4 在微信文章结尾处留下微信公众号,并鼓励粉丝分享出去

5 线上营销活动,包括微博、微信活动,如"关注有奖"的活动

6 微信、微博大号资源协助转发,但一般要花钱

7 利用企业微博宣传微信公众号,每条微博和头条文章中,除了贴微信公众号二维码之外,一定要留下微信号,用户通过手机观看时很难扫二维码,但可以添加微信号,而许多企业并没注意这点

图2-6 微信线上推广的方法

（2）微信线下推广。微信线下推广的方法如图2-7所示。

- 短信推广，用短信息提醒用户关注微信
- 产品外包装印制微信二维码
- 公司宣传册或者名片上印制微信二维码
- 线下门店海报上印制微信二维码
- 户外广告或海报宣传上印制微信二维码

图2-7　微信线下推广的方法

2.3.4　互动

互动就是和粉丝进行沟通和交流，把微信公众号所有的一切拟人化，经常与粉丝交流。互动带来的最终目的是营销，当有了粉丝，有了内容，企业可以通过微信展示品牌官网和商品信息；运营者可以通过微信一系列的功能或工具与用户进行互动，比如摇一摇、幸运大抽奖等；在会员管理上可采取会员消费积分享受特权，将固有的、潜在的粉丝转化成消费者，提升企业的销售额。

2.3.5　管理

管理这一步骤涉及内容的创作和粉丝的互动。轻松有趣、幽默搞笑、新鲜潮流、口语化、生活化、有创意的内容，比较符合大部分粉丝的口味。而每天在什么时候推送内容、推送多少条图文内容、有没有必要搭建移动版网站延伸阅读，这些都是可以灵活调整的，不要限制得太死。

2.3.6　延伸

延伸主要涉及公众账号的接口应用、自定义菜单、微信公众号主页以及移动版网站等方面的应用。当然，随着微信的不断发展，未来延伸的地方还有很多。有条件的企业可以开发一个接口应用，先让部分用户体验，养成使用习惯，最终全面推广开来。

2.4 微信公众号营销的策略

微信公众号营销作为网络营销的一种新的形式,零售业要想利用其获得利润、取得成功,除了推送丰富的品牌内容外,还应该发展专业客服,并将其直接与购买挂钩,应用在生活消费中,可以参考图2-8所示的策略逐步达到零售业营销的目的。

图2-8 微信营销的策略

2.4.1 顾客策略

顾客策略就是通过了解网上消费者的特征,以顾客的需求为导向,通过微信公众号为其提供所需的产品及服务,对产品进行有效组合来提高消费者的忠诚度和满意度。

(1)采取精品化策略,根据市场状况和企业经营目标,从产品的宽度和深度方面进行考虑,不断对其进行调整,使产品的优势集中在销售潜力最大的产品上。

(2)关注长尾理论中所论述的冷门产品,并高质量地帮助顾客找到相关产品,为顾客提供产品信息、产品搜索、产品对比、实时推荐、问题解答以及延缓购买式服务,为顾客提供方便,从而达到营销的目的。

对微信公众号从布局、色彩等方面为顾客提供良好的视觉感受。总之,合理的产品组合以及优质的网站服务是吸引顾客眼球的最好办法。

2.4.2 成本策略

成本策略就是站在顾客的角度上来为相应的产品或服务定价,以达到双赢的局面。顾客的成本包括时间成本、货币成本、精神成本和体力成本。零售企业可从这些成本的某方面入手优化顾客成本。

（1）在营销过程中，对于定价方面，可利用折扣定价策略，将固定资产投资、库存费用、渠道费用等方面的成本转化为折扣为顾客让利。

（2）企业可以根据产品生命周期、顾客需求和竞争者情况采取动态定价策略，使公司做出快速应变，制定有竞争力的价格，吸引顾客。

2.4.3 沟通策略

沟通策略就是企业利用微信公众号采取各种方式与公众进行沟通。企业可以利用微信公众号进行话题营销和活动营销，来达到与顾客沟通的目的。

（1）话题营销也叫口碑营销，通过利用微信公众号使零售业的产品成为大家谈论的话题，从而起到营销的效果。在进行话题营销时应实事求是，不要弄虚作假，否则会影响企业信誉。

（2）活动营销就是通过在微信上发布有奖活动的内容来吸引广大人群关注公司以及产品，然后再进行下一步的推广活动，这样就可以提高企业产品及服务的知名度，从而达到营销的目的。

天虹商场做到极致的微信营销

天虹商场是国有控股的连锁商业企业，控股股东是中国航空技术深圳有限公司，系隶属于中国航空工业集团的下属子公司。

天虹商场是国内最早试水全渠道的实体零售商之一，由于它在转型过程中不断探索，最终找到了一条适合自己的全渠道之路。天虹全渠道进化之路以下几个方面值得关注。

1. 从 PC 端到移动端：天虹电商终于找到感觉了

天虹商场的首次触网尝试，可以追溯至 2010 年 3 月"网上天虹"的正式上线。网上天虹是天虹商城自主开发的 PC 电商平台，主营服装服饰、母婴用品、美容护理、家居床品、食品饮料、厨卫清洁和生活家电 7 大品类，是深圳首家传统百货业的大型综合性 B2C（商对客）网站。因为其还是传统 PC 电商模式，没能与天虹旗下 60 多家门店实现线上线下各类优质资源的充分共享，自上线以来，网上天虹一直处于不温不火的状态。

天虹商场电商事业部负责人介绍说:"天虹自2012年底开始移动电商的探索,经过了3年发展,终于找到了感觉,逐步摸索出新的移动O2O商业模式。"

意识到传统PC电商并不能给天虹的线上销售带来多大发展,天虹开始建设移动端渠道,开展全渠道经营。从2013年下半年开始,天虹商场实施全渠道战略,初步形成了"网上天虹+天虹微品+天虹微信+虹领巾"的"实体店+PC端+移动端"立体电商模式。

"天虹微品"App于2013年10月上线,在天虹微品上,天虹的每个店员都可以注册成为店主。天虹运营团队会将精选商品定期上传至天虹微品手机端,"店主"可根据需要在自己开设的"网店"编辑商品。再利用微信、微博、QQ等社交工具将商品分享至自己的社交圈,提供服务,形成销售,并获得分成。

天虹的员工作为产品的卖方,也是买方,"店主"一般都会先自行购买产品试用体验,分析产品卖点,反馈产品改进信息再卖出去,作一层"过滤",以保证商品的质量,做口碑营销。因为运营推广时间很短,微品的模式开始得到供应商的认可,吸引了越来越多的优质的供应商通过微品的平台来实现售卖。

接入微信平台,是天虹全渠道进化的一个关键环节。2013年9月13日,天虹商场联手腾讯微信打造的天虹应用平台正式上线。此平台首先在天虹唯一的购物中心上线,并拓展至全国60家门店。根据业务规划,此平台通过腾讯微生活,实现个性化信息订阅、会员系统无缝对接、一对一互动等。自与微信合作消息传出后,天虹商场的股票连续三日涨停。

数据显示,天虹微信公众号现有数百万粉丝,每年可以为天虹带来十几亿的引流销售额,节省几千万的营销费。

2. 引进微信平台,天虹电商走"轻资产"路线

借助微信平台,天虹的移动端电商逐渐开始盈利,这一点很不容易。在PC端苦苦探索数年一直亏损,为何通过微信开始盈利?这是由于接入微信平台意味着天虹电商思维转向"轻资产",投入降低,而收入增大。

如果说,微信服务号是建造微信平台这个庞大工程的地基,那么会员系统的对接就是支撑微信体系长远发展的"结构工程"。对会员进行精准化的管理,培养维系忠诚顾客,真正实现营收的持续增长,这是商家想要利用微信平台所要达到的最终目的,而实现会员系统和微信后台的对接是非常关键的一步。

同其他传统零售商一样,天虹有一套原有的传统的会员系统。开通微信服务号之后,天虹把会员系统接入了天虹微信后台的社交化客户关系管理(CRM)系统中。

为了建立这样一个社交化的CRM系统,天虹进一步在微信后台对会员做了精准化的标签管理。天虹微信后台现已有60多个标签，每一个客户下面有多个标签。比如一位顾客下面可能有这样的标签：她是一位妈妈，也是一个很喜欢参加社交活动的人，同时也很喜欢代购商品。那么，此后的活动都可以基于这些标签做个性化的推送。并且活动信息也从传统的有字数限制的短信推送，变成了现在定制的图文发送，加上后台附送的优惠券，新的推送方法进一步提升了顾客体验。

那么，怎样在营销上把微信用到极致？天虹找到了一些方向。

（1）精准营销

标签化管理后，天虹不再追求图文发送后的高阅读量，要求的是精准发送。以前营销人员只需发送一条信息推送节日活动，而现在营销人员会为一个节日策划十多个活动，这十多个活动是针对不同的人而定制的。因为活动信息有很高的针对性，所以这些信息也有很高的转发率。天虹的服务号每个月只发4条信息，以前，后台每发一条信息，取消关注的人数在几千。当开始做分级式、精准化的图文管理之后，后台的取消关注度降低为原来的一半。

（2）提案营销

提案式销售也是天虹尝试过的一种营销方式，节日来临后，天虹内部运营团队精选20款商品，把商品最核心的价值提炼出来，放在相应的场景中。

比如，一款亲子装的提案，运营团队会把场景细分，根据海边、爬山、郊游等不同的场景给出建议。天虹曾为一款实体店销量一般的女装做了一个"软妹子"的专题，销售当日卖到近十万的销售，相当于该品牌实体店一个月的销售额。生活提案式的微信图文营销的销售转化是非常可观的。

（3）情感营销

天虹在微信上不只卖商品，也会发送许多情感内容，这种柔化的情感营销内容是原创的，并不强迫顾客消费、参加活动，而通过这种方式唤起顾客的情感共鸣。

父亲节时，天虹把营销与对爸爸的关爱做了衔接，从情感出发，为不同性格的父亲推送不同类型的产品，让顾客真切感受到商家很懂自己，从而拉近双方的距离。

3.KPI考核变革，经营团队也要互联网化

对于实体店全渠道转型，一个很大的问题在于管理团队大多数人是经营实体零售出身，思维无法跟上互联网转型的需求。为了解决这一问题，天虹对原来的考核体系进行变革，将互联网化相关KPI（关键绩效指标）作为晋升考核的重要指标。

在天虹，微信并不只是一个简单的发布型平台，而是主营业务中不可分割的一部分，关系到每一个有关作业的员工的绩效考核。天虹的每个店铺都有自己的后台管理系统，这是为了促使零售团队向互联网化转型，这样一种组织架构保证了微信可以在天虹落地、生根并开出花来。

同时，天虹的服务团队也做到了互联网化。天虹的微信平台带有人工客服功能，为了加深顾客的亲切感，这个客服团队昵称为"小天"。客服"小天"有着强大的后台支撑，除总台之外，每个门店也都有"小天"系统，为顾客提供售前、售中、售后解决方案。"小天"团队的建立初衷是负责订单的管理，然而久而久之，顾客开始和"小天"进行很多生活方面的交流，比如卖场里的歌不好听、如何和别人搭讪、怎样表白合适……当顾客跟小天的情感交流越多，忠诚度、依赖度也随之加深。

一个真实有趣的故事可以看到服务互联网化后的影响。某日，顾客小易（化名）在天虹旗下的一个商场里购物，上洗手间的时候却尴尬地发现没有带纸，于是通过天虹微信客服平台呼叫"小天"总台。"小天"团队一直被要求接到信息后60秒内回应，所以当接到这条信息之后，"小天"总台马上下发至门店。短短3分钟后，小易就等到了"小天"送来的纸。可见，互联网化后的服务系统很容易解决了传统零售不能够即时响应的弊端。这也让天虹开始意识到客服可以创造很大的价值。现在，客服"小天"团队正在向服务营销的方向转型，他们将逐渐从服务的角色转变为营销的角色。

4. 全渠道的本质，更便捷的价值转化

对于实体零售业的全渠道转型，不同企业有不同解读。全渠道对实体零售商的意义在于扩大实体店与消费者沟通的触点，将实体店的价值进一步转化，形成销售。

对于传统渠道而言，销售价值的转化并不那么容易。如果在报纸、杂志上投放广告，这些广告只能被人看到而并不能被转发，如何转化为销售价值就更无法估量了；传统实体店的商品呈现形式单一，顾客只能看到实物，而看不到实物背后的故事，自然顾客的购买欲望也未能被完全刺激出来。天虹全渠道转型的出现让这一切开始变得简单。

（1）节省巨额广告费

天虹的服务号现有数百万粉丝，由统一的服务号管理，服务号内分城市、分门店管理，所有的粉丝都在一个服务号体系内。聚合的服务号有两大优势，其一，它是一个很大的广告平台，拥有巨大流量；其二，平台上的资源可以共享，降低了运营成本，每店一人管理足矣，客户体验也得到充分保证。

因此，天虹利用服务号的优势在自媒体平台投放广告，因为自媒体渠道的高转化率，节省了巨额广告费用。同时，通过微信自媒体还可以把优惠券发放给顾客，进而转化为消费。

（2）实体店实现数字化

怎么样利用微信开创数字化的实体店？天虹旗下每个店铺都可以把自己精选的爆款商品在后台通过简单的方式上传至前台。顾客购买后可以直接去实体店提货，达到为实体店引流的目的。另外，同一爆款商品线上线下同时卖，加大了成交量，这也成为了天虹门店新的销售渠道。

在天虹的超市里，每一个商品下都有相应的二维码，你也会看到这里有许多虚拟货架，空的墙壁上放置着商品的二维码。虚拟货架的设置加大了超市的销售品种，顾客可以直接扫码进入公众号购买，扫码后可以获取该商品的基础信息，比如它来自哪里、有什么功能、价格多少、商品有什么卖点，都能通过此种电子化的方式呈现出来，以方便顾客进行选购。

2.5 微信公众号的运营策略

现在微信营销已经成为很多企业重要的推广渠道，但有部分企业的公众号却没有专人负责运营，导致微信公众号成为一个摆设。那么，微信公众号要如何进行运营呢？

2.5.1 编辑

对于一个公众号，内容的呈现有四种形式，具体如图2-9所示。

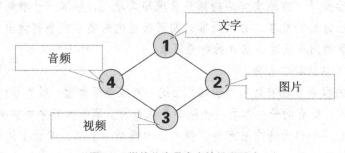

图2-9 微信公众号内容的呈现形式

在这个竞争激烈的时代,什么才是公众号推广制胜的法宝?答案始终是经久不衰的"内容为王"理论,它是公众号茁壮发展的根基。由于微信是一个相对封闭的传播平台,公众号的内容只能依靠用户的转发进行传播扩散,所以内容优秀是微信公众号传播的根本动力,好内容才有阅读、有转发。那么如何才能编辑出好的内容呢?可遵循图2-10所示的原则,具体效果可参考图2-11。

见解独到,能填补大众的认知空白或得到用户的认同

被用户认定是第一时间发布的消息

内容没有水分、没有废话,干货丰盈

所编辑的内容与公众号的核心价值观相符

标题要让人眼前一亮,排版注意美观,并不断更新形式

封面配图要切题,要和标题一样具有诱惑性

文中配图要与内容相搭配,最好不加水印,方便用户保存使用

图2-10 微信公众号内容编辑应遵循的原则

图2-11 华润万家公众号推文截图

2.5.2 推送

现在很多用户都会订阅公众号,推送的信息如果太多根本看不过来。因此,商场(超市)在推送信息时,要关注图2-12所示的几点。

推送时间 ☞ 按自己用户在公众号上面的活跃时间节点,及时地推送内容,一方面方便用户获取信息,另一方面可以方便用户传播

推送频次 ☞ 一周不要超过三次,太多了会打扰到用户,太少了用户也会抱怨,觉得你的微信只是一个摆设,根本不会从你这里获得什么。所以这个度一定得把握好

推送形式 ☞ 推送的内容不一定都是图文专题式的,也可以是一些短文本,文本字数一般一两百字左右,关键在于内容能引发的读者思考,产生思想的火花,形成良好的互动效果

图2-12 微信公众号推送信息时的要点

相关链接

小型超市公众号该怎么运营

对于一个小型超市来说,合理地运用线上的营销方法可以有效提高营业额。公众号不仅可以推送消息,还可以进行二次开发,在上面卖商品。那么,一个超市便利店公众号应该怎么运营呢?

1. 引导刺激线下客户关注

任何一个超市都会有一定的线下客户光顾。超市可在收银处立一个告示牌,明示"关注本店的微信并注册会员即可减免××元,并且赠送××"。赠送商品要具备实用性,必须是每个人都能用到的,比如纸巾、杯子等。

用减免费用和赠送商品这两个方法双重刺激客户产生关注这个行为,告诉客户关注并且注册会员才能享受优惠,使其用手机号注册会员(避免有些客户不断地关注取消重复享受优惠),以此充分地吸引客户来店里消费,有效地防止客户流失。

2. 在配送范围内的小区贴二维码

制作出二维码精美的贴纸,最好有大、小两种规格,较大的贴在电梯口,居民等电梯的时候可以扫一下;较小规格的贴在每家的门口旁,位置不能过高也不能过低,在开门的时候能看到的位置最佳。

之所以贴纸要制作精美,是不要让别人觉得是"牛皮癣"广告,看到就有种撕掉的冲动。精美程度最好让人觉得可以达到装饰门口的作用。贴纸上把超市的优势凸显出来,比如24小时营业、免配送费、首单减免多少钱等。就算居民看到没有立马扫描关注,当有需要的时候,打开门扫描一下就可以在线购物。

3. 做好商品分类,提供搜索功能

超市商品都会比较繁多,公众号做好商品分类或者搜索功能(可参考华润万家商品分类),可以让顾客快速找到自己想要买的东西,不要让顾客翻了好几页都找不到,避免萌生"算了,不买了"的心理。

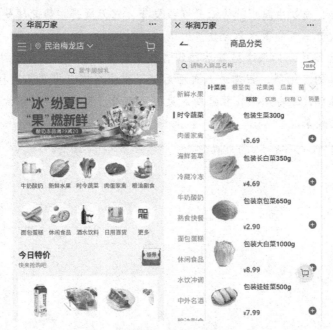

华润万家公众号商品分类

商品要有实物图,所显示的销量不能为零,要让顾客觉得这个店铺是有人打理的。商品没货就要及时下架,不要等到顾客下单付款了才告知没货,否则,顾客很难产生再次购买的行为,因为不知道想要的东西到底有没有货。

4. 支持不同的支付方式

顾客提交订单后可以选择不同的支付方式，比如银行卡支付、微信支付或者是到店现金付款。对于那些不会操作银行卡在线转账或者微信里面没有足够的钱支付的客户来说，现金付款是他们首选方法。

5. 不同的积分兑换方式

每个会员在超市公众号上面消费后会产生相应的积分，为了刺激顾客产生多次购买行为，可以采用不同的积分兑换方式。一是积分可以用来抵消现金，比如10积分抵0.1元现金，不支持折现，只支持在公众号上面购物抵消一部分金额；二是积分抽奖，比如100积分可以抽一次奖，中奖是随机的，有可能什么也没抽中，也有可能抽到较大价值的奖品；三是积分换礼品，比如10000积分可以换豆浆机或是水果机。

6. 与管理处合作，发布相关资讯

每个小区都会有相关的通告、通知需要发布，超市可以与管理处合作，小区的通告、通知由超市的公众号在线发布，这无疑是在帮管理处分担工作，管理处的人员一般会很乐意合作。

达成合作后，如果小区搞活动或者征集意见，管理处每张线下告示都有超市公众号的二维码，扫描进入页面后就可以报名或者投票，这样不仅可以便于整理统计，还可以减轻管理处人员的工作量，超市也能获得大量的粉丝，起到共赢的效果。

第3章
微信小程序营销

 导言 ▶▶▶

当今零售行业竞争越来越激烈，商家只有想方设法依托互联网和一些新兴技术，对商品的生产、流通与销售过程进行升级改造。于是近两年来，不少商家都选择制作自己的小程序，使用"线上+线下"的方式帮助自己打开更多销售渠道。

3.1 什么是小程序

小程序是一种不需要下载安装即可使用的应用,它既实现了应用"触手可及",用户扫一扫或者搜一下即可打开应用,也体现了"用完即走"的理念,用户不用担心是否安装太多应用。

3.1.1 小程序的特点

小程序具有图3-1所示的特点。

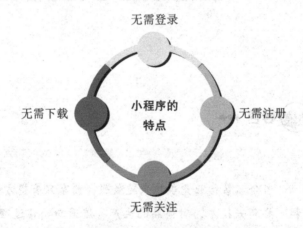

图3-1 小程序的特点

3.1.2 小程序的优势

小程序面向微信11亿用户,推广更容易简单,成本更低;能解决线下到线上和线上到线下的流量转换,实现O2O模式;操作界面和流程更流畅,用户体验更好,媲美App;微信入口不用安装,即开即用,用完就走。

3.1.3 小程序的流量入口

小程序流量入口众多,可以通过二维码、浏览过的小程序、商家公众号关联、微信搜索、好友分享、微信群分享、消息通知、客服咨询、置顶小程序、添加桌面等方式获得用户流量。流量入口越多,营销推广越容易。

3.2 小程序营销的优势

商场（超市）利用小程序营销具有图3-2所示的优势。

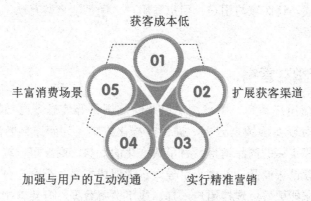

图3-2 小程序营销的优势

3.2.1 获客成本低

零售行业的运营成本持续上升，商家所承受的成本压力突显，加上门店的引流获客方式和能力有限，商家在精准获客以及用户留存和转化方面无法达到需求量，这是商家急需解决的问题。随着市场的改变和发展，部分商家开始从传统营销转型到小程序营销，在小程序的助力下，获客方式变得多样化，能挖掘更多的潜在流量。小程序作为零售行业最好的载体之一，能实现线上线下的营销闭环，改变商家传统的经营模式，让商家不再是以单纯向用户销售商品为目的，而是更注重优化门店的数据分析和用户的消费体验。通过小程序，商家建立低成本的运营模式，通过营销手段促进用户和商品的连接，将两者进行精准匹配，实现价值最大化。

3.2.2 扩展获客渠道

传统零售获取用户的方式主要是依靠地推、传单，基本上没有更好的方式和策略，获客比较困难；对于分享传播只能借助周边用户的资源，难以获得更多有效的入口作为传播途径；商家和用户的社交互动只出现在消费场景里，没有其他方式开展高效的互动活动，难以提升用户的留存。小程序线上线下结合，自带多个流量入口，小程序码在线下门店会成为核心流量的入口；"附近的小程序"功能可以方便商家被周围的用户找到并使用，为商家带来巨大的用户流量；还有微信搜索、社交分享等也是获取用户流量的重要入口。小程序可以利用社群进行分享，设置分享获得优惠券、折扣等方式，除了能提高用户的复购率，在社群中刺激用户产生分享行为，提高品牌的曝光率，利用社交分享的优势，还能获得有效的用户裂变。商家利用小程序开展营销活动或者设置小程序论坛，除了与消费者在消费场景中互动，使营销活动的互动增加趣味性，还可以在小程序论坛通过评论、点赞等形式，让商家与用户、用户与用户之间都能直接互动，有利于提高用户的活跃度和留存。

3.2.3　实行精准营销

传统零售在用户消费、用户浏览以及商品销量等信息方面都没有实现数据化，而小程序可以实现数据分析，提供数据化方案，为商家判断用户的消费倾向、消费行为和实际的商品销量。有了数据化的优势，商家可以轻松策划精准营销，向用户推荐销售商品，并进行引导，有效促成交易。配合积分商城、会员储值等功能，商家能更好地连接用户，打通线下消费数据，升级营销模式。开展预售模式，能解决门店以往由于按照大概数量进货，而产生的货存不足或者货存积压的现象，有了用户需求数据能更准确进货。商家通过数据化管理用户，精准结合商品和服务，能更好引流用户、沉淀用户和维护用户。

3.2.4　加强与用户的互动沟通

线下获取市场调查信息、用户信息、商品评价信息不如线上，在线上可以根据用户的浏览率、点击率和实际的商品销售数据，分析用户的消费水平和设置合适的营销方案，从而为用户提供更优质的服务。

（1）通过"附近的小程序"提高零售门店的曝光度，覆盖用户的面积会更广，用户在小程序上可以查看到商家的具体信息、位置信息等，这意味着商家在选择门店的地址不需要完全依靠位置的优势，节约了门店的选址成本。

（2）借助小程序码引导线下的用户到线上，以营销活动为用户提供优惠，引导用户将活动或者小程序推荐给更多的用户，形成裂变营销，获取更多的用户。

（3）在新品上市、假日开展营销活动，通过小程序在预热活动时不断刺激用户分享，为活动引流。

3.2.5　丰富消费场景

小程序帮助零售商家实现场景化、用户数据化，配合线下的消费场景需求，带动全新的消费体验，打通线上和线下的营销渠道，更快将零售落地，将线下服务转向线上,大大缩短了商家触达用户的路径。

（1）依托小程序的线上流量,零售门店能最大化挖掘用户价值,吸引用户进行消费,助力商家提高销量,实现流量到销量的转化。

（2）小程序能加强社交分享的能力,其丰富的营销功能可促进商家裂变式营销。例如：推送各种优惠券,用户通过兑换优惠券、满减券等消费,能够享受特价优惠,还能提升门店的销量；分销活动通过佣金奖励的制度,让每一个用户都能结合社交关系,帮助商家获取更多新用户。

（3）引导老用户在消费后进行口碑裂变营销,帮助商家提高推广效率。小程序改变传统零售,帮助零售商家连接用户、运营用户,从而让商家获得有效的销量增长。

 相关链接

小程序与新零售的完美结合

1. 全链路打通

小程序通过打通企业全链路营销路径,进行数据赋能,比如将小程序商城、各大电商平台、线下店面、会员、POS机等全部打通,打造去中心化的新零售体系。

2. "千人千面"推送信息

企业所有的数据资产会沉淀在一个数据平台,根据企业获取的用户画像,当企业因想要进行促销、唤醒会员、提示新品上架等而有一个触达动作的时候,可进行一个"千人千面"的推送,就是用户喜欢什么就推送什么。

3. 多渠道裂变用户

利用数据中台的数据和小程序开发的营销工具,可以有效地进行用户裂变,比如目前效果比较显著的分销、抽奖、优惠券、秒杀、社区拼团等。

3.3　玩转小程序的策略

零售商家可通过小程序推动传统零售的线上转型和升级,不断协助零售商家触达用户,沉淀用户流量,实现用户线上购买的全流程服务,获得核心的用户数据，盘活用户价值。那么，商场（超市）该怎样玩转小程序呢？其策略如图3-3所示。

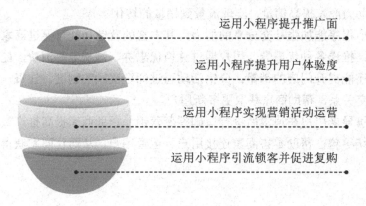

图3-3　玩转小程序的策略

3.3.1　运用小程序提升推广面

小程序本身是微信旗下的一个应用，可以对接微信的多个平台接口，包括微信公众号、朋友圈、微信群等。诸多的渠道都可以成为商家推广的平台，小程序就是媒介。

比如，商家可以在微信群中分享一个小程序，促使客户打开小程序看内容。拼多多就是采取小程序分享功能实现传播的，其推广的效果也是相当喜人。

3.3.2　运用小程序提升用户体验度

小程序本身是免安装的应用，具有很好的功能。在经营过程中，顾客的诸多痛点都可以借助小程序来解决，也正是因为这个原因，用户的体验度提升完全可以靠小程序来完成。

比如，顾客打算预约商家，或者查看店内的排队情况，甚至结算和选择商品，都可以借助小程序来实现，这样提升了顾客的体验，顾客对小程序这一营销模式自然相当认可。

3.3.3　运用小程序实现营销活动运营

在进行经营过程中，商家需要吸引顾客来实现更多订单，那么肯定需要玩转小程序来打造营销活动，这也是一个相对较快的吸客方式。便捷的小程序可以分享到很多平台，吸引客户参与营销活动。

比如，商家搭建小程序来设计拼团活动，或者是秒杀活动，这样大家参与的积极性会比较高。毕竟这也是一个能够获取优惠高品质商品的机会，顾客都不愿意错过，商家也能借此赢得更多客户的关注。

3.3.4 运用小程序引流锁客并促进复购

商家开发好小程序后，就需要实现引流和锁客，因为这是推动客户产生复购的关键因素，绝不可以马虎。要知道商家不能只是经营一次客户，要把客户锁住，促使其进行多次的复购，打造私域流量池，这才是商家在现在必须要做的事情。

小程序本身有着很多的魅力，也赢得了大众的喜欢，基于各类新颖的营销活动设计，还可以实现引流客户到商家的微信群来锁住客户。

比如，参与小程序营销活动的客户必须要加入商家的微信群等。

商家只要综合运用自身资源，巧妙使用小程序运营，这样就能赢得客户的关注。如果能够抓住客户的心去经营，那么靠小程序营销获得大量订单自然没问题。

3.4 小程序商城的引流

在这个新零售时代，如何给自己的小程序商城带来更多订单和私域流量，是新零售商家们需要着重考虑的问题。那么小程序商家们应该要怎么做，才能吸引更多用户呢？可参考图3-4所示的措施。

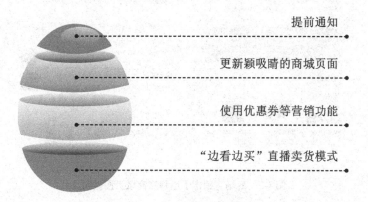

图3-4 小程序商城的引流措施

3.4.1 提前通知

商场（超市）如果有自己的微信公众号，就可以提前1～2周推送自己的活动信息，并且要多推送几次，让更多客户能看到，同时也加深粉丝对活动的深刻印象。

商场（超市）还可以在小程序内设置弹窗，这样当用户点进小程序时，他们一眼就能明白商家在做什么活动。弹窗能有效吸引用户，尤其是一些包邮活动、优惠券等，对商城的销售转化非常有用。

3.4.2 更新颖吸睛的商城页面

互联网时代的消费者，更喜欢追求新鲜刺激。在零售电商竞争激烈的背景下，要想顺利让自己脱颖而出，商场（超市）就需要让自己的小程序商城的页面足够吸睛、新颖，让顾客有眼前一亮的感觉，从而增加浏览时间，提升销售转化率。商城页面如图3-5所示。

图3-5 商场（超市）小程序商城页面截图

3.4.3 使用优惠券等营销功能

想要做好营销，没有优惠活动怎么行？商家可以在"上线了"小程序编辑器内的"营销中心"里，添加优惠券、拼团、分销系统等。商家可以设置统一的满减优惠、特定商品优惠、免邮优惠（图3-6），来刺激顾客下单；还能利用"拼团"功能，顾客要想获得更多优惠，就要邀请其他人和自己拼团，从而形成"老客带新客"的局面，促使粉丝裂变。

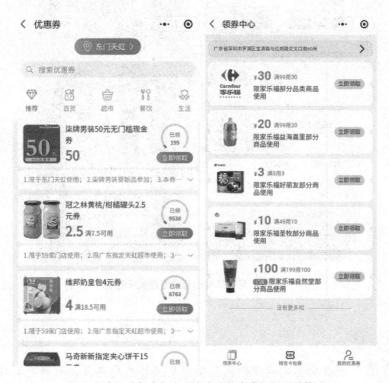

图3-6　商场（超市）小程序商城优惠券领取页面截图

3.4.4 "边看边买"直播卖货模式

在信息大爆炸的传播环境下，商家要想博得消费者的更多关注，就需要不断创新卖货模式。而近期兴起的"小程序直播"卖货方式，商家就可以好好利用起来。

小程序直播效果还是相当显著的，以微信发布的"女神节"小程序直播数据来看，2000个主播累计直播时长近900小时，分享次数最高的直播间达到2万次。通过小程序直播，部分品牌的订单量增长近12倍，部分品牌交易额增长5倍，还有品牌单日销售额突破2000万元大关。

电商直播（图3-7）能让商家即时连接消费者，且通常用户停留在直播间的时间更长，毕竟这种方式比顾客自己干巴巴浏览更有趣生动。多用直播的方式促销，也有助于商场（超市）加固自身私域流量。

商场超市营销与促销

图3-7 天虹商场小程序直播展示截图

> **小提示**
>
> 想要做好电商营销,既需要更具特色的商品,也需要更具引爆性的内容和营销方式。商家利用上述这些方法来制作小程序,既能提升品牌吸引力,又有利于销售转化。

 相关链接

"家乐福中国"小程序上线9个月访问量过2亿次

2018年年初,家乐福把目光瞄向微信小程序。短短9个月内,家乐福对"家乐福中国"小程序、"扫码购"小程序及"网上商城"小程序,做了诸多尝试且收获颇丰。

"家乐福中国"小程序在此期间完成了多次迭代,日访问量和日均访问人数惊人,截至2018年10月,用户已经突破千万,总访问量也达到2亿。"家乐福中国"小程序内设线上优惠券领取、送货到家服务、电子海报浏览、会员权益查询，同时也加入了拼团营销等社交活动，让其功能更人性化、鲜活化。

小程序低成本、高效率地打通线上线下消费场景，为家乐福寻找顾客、认识顾客。顾客在消费前，在"家乐福中国"小程序领取优惠券，结账时使用微信支付自动核销，轻便快捷的购物体验帮助家乐福持续维系用户黏性，也进一步拉动消费，完成线上到线下流量的转化。

1. 实现会员数字化，会员注册更快捷轻便

新用户进入"家乐福中国"小程序，授权后即可领取家乐福会员卡，大幅简化传统路径长、耗时长的会员注册流程，轻便完成客户"从0到1"的过程。通过小程序，家乐福已积累了超过千万会员：超过30%顾客完成绑定会员卡，其中70%为新会员用户。小程序成了家乐福获取新顾客的高效工具。

从会员年龄来看，30～39岁的年龄群是会员主力军，达到了31.4%，其次是25～29岁年龄段的，占比达到20.30%，18～24岁的会员占比为19.90%，80后依然是消费会员的中坚力量。值得提出的是，50岁以上的会员占比达到了10.60%，说明新的购物模式也受到了中老年人的认可和接受。

2. 发券数上榜夺魁，高效销售转化为用户省下好几个亿

自2018年2月起，"家乐福中国"小程序的优惠券发放量超过1300万张，涵盖全场券、品牌单品券，促成500万笔交易，有效吸引顾客到店消费、带动用户复购率，联动品牌资源带动客单价，实现双赢。线上线下资源整合的前置型精准营销，形成了家乐福销售的完整闭环。

此外，家乐福也利用品牌公众号和小程序的互通，通过公众号图文内容、底部卡片等宣传，为小程序带来大批流量，助力完成用户触达和会员获取。同时，家乐福利用腾讯社交广告的用户洞察和精准定向，通过制定策略、投放广告、领取优惠券、线下核销等方式，打通传统的营销闭环，帮助带动小程序的流量和订单增长。

3. "快轻广"社交活动，刷新互动声量

除了注重渠道的引流，家乐福小程序在内容营销也广撒渔网。在世界杯期间，家乐福小程序借助全球盛事的热点，发起世界杯小游戏互动，活动首日访问量即冲破56万。此外，家乐福小程序也不断尝试各种新式的社交互动玩法，社团式拼团活动横空出世，发挥微信熟人社交圈的营销威力，短时间内快速裂变，超过65万用户加入参团行动。

单一的优惠发放方式，在内容和渠道并重的社交平台上，显得尤为单薄。

家乐福小程序通过互动社交玩法，吸引更年轻的消费群体参与，激发消费者"获利"的积极性，发动社交关系圈参与活动，提升回访率及拉新率，收集庞大的精准用户群。在这个过程中，社交流量转化为品牌流量，并降低了获客成本。

4.消费新方式，用户全新购物体验

2018年5月，家乐福"扫码购"正式上线，现已推广至全国多家门店。

"扫码购"就像给顾客一人一把扫码枪，顾客在挑选商品过程中，实现即买即扫描条形码，买一件扫一件。顾客决定好所有购买的物品后，一键微信支付，即可从专用通道离店，既避免排队结账，也提高了高峰时段的交易效率。至今，家乐福华南区门店扫码购的消费渗透率已达40%，这种消费方式得到顾客的充分认可与喜爱。

紧接"扫码购"的步伐，家乐福电商小程序在2018年8月也正式登场。消费者只需在网上一键订购，即有优质商品极速送到家，不出门也能买遍家乐福新鲜好货。

在消费升级的大背景下，用户对人性化、个性化、智能化的购物体验的需要愈趋强烈。家乐福小程序通过领券、微信支付核销，简单几步操作即可完成线上到线下流量的转化，为消费者提供轻便快捷的购物体验，培养了用户主动使用小程序的习惯，从过往线下渠道为主，到用户习惯性打开和公众号引流打开。同时，小程序结合社交营销互动玩法，触达了更年轻的消费群，完成了家乐福新消费核心年轻化的重大变革,以及千万会员的快速积累。

今后,家乐福将继续拓展智慧零售之路,不断完善及升级小程序智慧零售功能。

中国商超面对新零售以及在线购物的竞争,应充分发挥质量优势以及同城快递优势,严把质量关,将服务、物流做好,那么应对新的竞争也能保持增长。同时,要不断开拓产品,提升产品竞争力,做好店内与线上推广。

第4章
微博营销

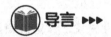 导言 ▶▶▶

微博营销是新推出的一种网络营销方式,由于其具有传播广泛、定位精准和传播实时等特性,在新媒体时代已经成为电子商务中新颖独特的一种营销模式,是新媒体时代的有效营销手段。

4.1　微博营销的认识

微博,即微博客的简称,是一个基于用户关系的信息分享、传播以及获取平台,用户可以通过web、wap以及各种客户端组建个人社区,以140字以内的文字更新信息,并实现即时分享。2009年8月中国最大的门户网站新浪网推出"新浪微博"内测版,成为门户网站中第一家提供微博服务的网站,微博正式进入中文上网主流人群视野。

微博营销以微博作为平台,每一个粉丝都是商家的潜在营销对象,每个企业都可以在新浪、网易注册一个微博账号,然后利用微博更新企业状态,向网友分享企业理念,发布产品信息,同时与网友进行交流,以树立良好的企业形象与产品形象。

4.2　微博营销的作用

微博是一个"0"成本的企业对外平台,对企业来说,微博营销具有图4-1所示的作用。

1	微博能够拉近企业与用户的距离,能够让企业不再闭门造车
2	微博能够和各类推广活动并存,成为最好的催化剂
3	微博能够聚集目标用户群体,并为后续的活动提供用户基础

图4-1　微博营销的作用

微博营销跨入细分时代。微博以令人难以置信的速度"杀"入中国网民视野,成为企业营销推广的兵家必争之地。而经过一段时间爆炸式的微博业务竞争,商家利用微博营销的策略与方式趋于成熟。越来越明显的一个趋势是,不少企业都已在微博上找到传播的细分领域,以独特的策略方式立体化地经营微博。

比如,电商类企业是以销售为主导,将微博与企业网站结合起来,最大化导入微博用户进行在线销售;而一些传统企业则多以品牌为导向,利用微博平台打造立体化的企业品牌形象,从而带动线下销售。

可以说微博将会是植入式广告的最好载体之一,微博营销可以在趣味话题、

第4章 微博营销

图片、视频中植入广告。但微博上的广告通常要结合热门的事件或趣味话题才会引起强烈的关注。

 相关链接

沃尔玛正式启动微博营销战略

沃尔玛为了加强和消费者以及各界的交流，正式启动了微博营销战略。2012年9月20日，沃尔玛中国官方微博正式开通。沃尔玛的官方微博网址是由此前的公益活动微博账号升级而来，旨在给消费者展现一个更完善、更具实力的沃尔玛。

沃尔玛中国官方微博上线后，随时公布公司的动态、改革政策、顾客优惠和招聘信息等多种多样的内容。

沃尔玛中国官方微博的上线标志着沃尔玛中国微博营销的正式启动。沃尔玛微博营销的开启将为消费者提供一个深入了解沃尔玛的平台，让消费者见证沃尔玛履行社会责任、服务大众的历程。沃尔玛这一营销战打得非常棒，它善于利用时下热门的交流平台，让企业的理念更深入人心，为企业创建更宽的发展空间。

接下来，沃尔玛还将为中国各地的分店开设官方微博，及时公布企业动态、优惠活动和人才招聘等信息，为消费者提供全面的购物引导和生活指南。这也昭示着沃尔玛中国微博营销战略的全面开启。

4.3 微博营销的策略

市场经济飞速发展，零售企业想要长期生存与可持续发展就应该抓住微博营销，并采取图4-2所示的策略。

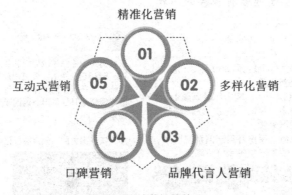

图4-2 微博营销的策略

4.3.1 精准化营销

企业的最终目标是销售产品或服务。在微博营销中，企业的目标客户就是粉丝。有些企业有着成千上万的粉丝，可是他们的营销效果有时却不及那些只有几万粉丝的企业，这就是粉丝转化率的问题了。粉丝数不在于多，而在于精。即使有再多的粉丝，如果粉丝对企业的信息不感兴趣，那也是毫无意义的。所以，精准营销策略需要把握。微博开户时寻找粉丝需要有明确性，寻找那些可能成为企业产品用户的粉丝。微博中有标签这样一种设置，可以通过标签搜索来寻找，同时可以在一种话题中找出那些钟爱某类话题的用户。

4.3.2 多样化营销

现在网络信息量非常庞大，那些不能吸取眼球的信息很快被淘汰甚至不能被关注。俗话说，真情最能打动人。在微博发布的信息中适量添加情感元素会起到意想不到的效果，然而过多的情感会被认为做作，这种适合程度企业自身要把握好。同时微博的内容也要多样化，现代人对于只有简单文字的内容可以说产生"免疫"，浏览时只是一带而过。发布消息可以多采用文字配图片或视频，相对只有文字更多样化，且读取时间短、所获取的信息多。

4.3.3 品牌代言人营销

企业的品牌代言人可以是企业的CEO（首席执行官）。注册微博认证后，他们所说的内容不再只是代表自己，同时也代表企业形象。推动企业形象，走进客户心里，代言人要时时与粉丝进行问题探讨交流，了解顾客的自身想法与对企业的看法。那些著名的CEO所发表的经典语录有可能成为众人追捧的对象。品牌代言人能够提升粉丝的忠诚度，拉近粉丝与企业，使粉丝成为企业的朋友。

4.3.4 口碑营销

口碑简单地说就是社会大众对企业相关信息的认识态度、评价在社会上的传播。众所周知，口碑很重要，它能像病毒式营销一样扩散，利用舆论的力量来做宣传。微博是口碑营销最适合的场所之一。所以，在保证自身产品质量和服务的前提下，商家可以找到产品的一个显著特点，利用微博快速传播。

4.3.5 互动式营销

大家玩微博，总要关注、转发、评论、私信、收藏等，使用的功能都是差不多的。通过增加互动商家能实时与买家或潜在买家沟通，了解买家对商品的疑惑、赞赏或批评，然后针对这些信息，实时调整自己的营销战略。

同时沟通是双方的，只开微博不与粉丝互动也是没有意义的，微博的意义也在于沟通，互动可以让粉丝感受到企业的关心。企业应时不时发布引人思考的主题，促进粉丝的响应与讨论，培养企业的忠实粉丝，从而实现互动式营销。

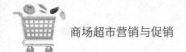

苏宁易购的微博营销战略

苏宁易购是新兴的 B2C（Business to Customer，商对客）综合网上购物平台，它符合了现代商务发展的前进方向，而微博营销的诞生则给苏宁易购提供了巨大的发展机会。苏宁易购竭力利用微博营销来拓展它的销售业务，并进一步扩大企业的规模，从而实现企业的最终目标。

1. 精确企业市场定位与战略目标

苏宁易购是一个综合性的 B2C 电子商务平台，涉及家电、百货等多个领域，并注重将虚拟经济与实体经济相结合。苏宁易购的战略目标是计划用三年时间让苏宁易购拥有超过 20% 的中国家电网购市场份额。到 2020 年，苏宁易购计划实现 3000 亿元的销售规模，从而成为国内 B2C 领域最杰出的服务品牌之一。

2. 深化企业微博营销战略目标

（1）借助微博平台，进行品牌推广。

微博营销的魅力就在于让企业和目标消费者建立一种联系。这种联系是以消费者对企业品牌核心价值的深刻理解为基础，它如同一座触动心扉的桥梁，将企业和目标消费者紧密地联系起来，从而拉近双方的距离。最终，企业优秀的品牌形象就会被用户所认同。但是，如果企业没有把握好战略目标，一旦启动微博营销项目后，企业会立即陷入"为微博营销而微博营销"的恶性循环。此外，强大的网络浪潮也会将企业的品牌形象瞬间淹没。

（2）立足企业品牌核心价值，塑造优秀企业形象，传递"阳光易购"理念。

苏宁易购竭力推出"苏宁易购阳光易购行"的口号，以打造最优秀的 B2C 网站服务品牌为目标。其市场目标群体主要为青年消费者。由于青年消费者有相对稳定的收入，并且青年消费者的购买欲望较为强烈，因此，苏宁易购极为重视对青年消费者的开拓，并竭力将潜在的青年顾客转变为现实的消费者，从而进一步扩大企业的消费人群。

（3）运用微电影和移动商务进行营销宣传，强化微博营销效果。

苏宁易购的微博官网上陈列着一些微电影以及广告视频。企业通过微电影将其要表达的理念与思想渗透到了情节里，这既能让消费者感觉到新奇，同时，也能通过故事的讲述以一种新的宣传方式把产品凸显了出来，从而让顾客产生强烈的购买欲望。此外，利用手机 App 等移动商务软件，将苏宁易购的产品或促销信息与"新鲜事"结合起来，简洁而有吸引力。微电影和移动电子商务由于宣传成本低、传播效果明显、话题创作自由以及互动性强等特点，被苏宁易购所广泛使用。

4.4 微博营销的技巧

微博营销实际应用过程中，在遵循基本法则上，再加入一些技巧性的东西，也可以让微博营销更快捷高效。商场（超市）可采取图4-3所示的技巧，做好微博营销。

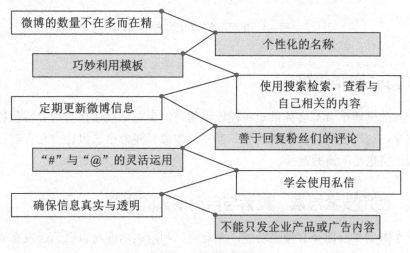

图4-3 微博营销的技巧

4.4.1 微博的数量不在多而在精

运营微博就和运营网站有点类似，如果同时经营多个账号，可能换来换去结果一个也没做成功。在做微博时也要讲究专注，因为一个人精力是有限的，杂乱无章的内容只会浪费时间和精力，所以要做"精"，重拳出击才会取得好的效果。

4.4.2 个性化的名称

一个好的微博名称不仅便于用户记忆，也可以取得不错的搜索流量。这和取网站名称类似，好的网站名称如百度、淘宝、新浪等，都是很简洁易记的。当然，企业如果建立微博，准备在微博上进行营销，就像华润万家，可以用"华润万家"来做微博的用户名称，如图4-4所示。

图4-4 华润万家的微博截图（一）

4.4.3 巧妙利用模板

一般的微博平台都会提供一些模板给用户，企业可以选择与行业特色相符合的风格来，这样更贴切微博的内容。当然，如果有能力自己设计一套有自己特色的模板风格也是不错的选择。

4.4.4 使用搜索检索，查看与自己相关的内容

每个微博平台都会有搜索功能，企业可以利用该功能对自己已经发布的话题进行搜索，查看一下自己内容的排行榜，与别人微博内容进行对比。企业通过搜索可以看到微博的评论数量、转发次数，以及关键词的提到次数，这样可以了解微博带来的营销效果。

4.4.5 定期更新微博信息

微博平台一般对发布信息频率不太做限制，但对于营销来说，微博的热度与关注度来自微博的可持续话题，企业要不断制造新的话题，发布与企业相关信息（图4-5），才可以吸引目标客户的关注。刚发的信息可能很快被后面的信息覆盖，要想长期吸引客户注意，必须对微博定期更新，这样才能保证微博的可持续发展。当然，定期更新优质且新颖的话题，还可能被网友转发或评论。

图 4-5　华润万家的微博截图（二）

4.4.6　善于回复粉丝们的评论

企业要积极查看并回复微博上粉丝的评论，被关注的同时也去关注粉丝的动态。既然是互动，那就得相互动起来，有来才会有往。如果想获得更多的评论，就要用积极的态度去对待评论，回复评论也是对粉丝的一种尊重。具体如图4-6所示。

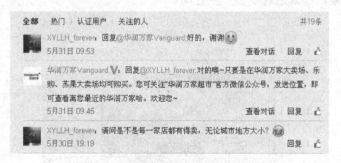

图 4-6　华润万家的微博截图（三）

4.4.7　"#"与"@"的灵活运用

微博中发布内容时，两个"#"间的文字是话题的内容，我们可以在后面加入自己的见解。如果要把某个活跃用户引入,可以使用"@"符号,意思是向某人说。

比如,@苏宁易购欢迎您的参与。在微博菜单中点击"@我的",也能查看到提到自己的话题。

4.4.8 学会使用私信

与微博的文字限制相比较,私信可以使用更多的文字,只要对方是你的粉丝,你就可以通过发私信的方式将更多内容通知对方。因为私信可以保护收信人和发信人的隐私,所以当活动展开时,发私信的方法会显得更尊重粉丝一些。

4.4.9 确保信息真实与透明

企业搞一些优惠活动、促销活动时,若以企业(公告)的形式发布,要即时兑现,并公开获奖情况,从而获得粉丝的信任。微博上发布的信息要与网站上一致,并且在微博上及时对活动跟踪报道,确保活动的持续开展,以吸引更多客户的加入。

4.4.10 不能只发企业产品或广告内容

有的企业微博很直接,天天发布大量产品信息或广告宣传等内容,基本没有自己的特色。这种微博虽然可以让网友知道企业是做什么的,但是难以吸引其关注。微博不是单纯的广告平台,微博的意义在于信息分享(图4-7)。如果不能引起网友的兴趣,那么也就不会产生互动。

图4-7 华润万家的微博截图(四)

下面提供一份××商场微博推广方案的范本,仅供参考。

【范本】

广州××商场微博推广方案

一、平台的选择:新浪微博

1. 规模

新浪微博号称有5000多万用户,是全中国当前最主流、最火爆、最具人气的微博。新浪微博主张用一句话随时随地记录生活,随时随地分享新鲜事,用最迅猛的速度发现最热、最火、最酷、最新的资讯,其强大的应用平台和广阔的用户群与我方微博营销诉求一致。

2. 定位

新浪微博是一款为大众提供娱乐休闲生活服务的信息分享和交流平台。新浪微博涵盖最全面的娱乐明星与资讯,反映网民现实生活的点点滴滴,提倡用户分享发现身边的趣闻轶事,其整体定位和用户诉求与本商场提供的产品和服务相符。

二、微博名称:××商场

微博名称是一张企业名片,对企业微博来说,一般以官方名称为准。"××商场"这一称谓具有最广泛的知名度,消费者看到这名字就能很直观地和现实中的××商场联系起来。同时使用这一称谓能涵盖区域的所有××商场,发布所有××商场的信息,具有统一宣传、统一口径的效果。(另外:微博营销中的排名算法是按昵称的关键词来进行排序,××商场在关键词中具有较高知名度。)

三、微博定位:时尚、新奇、真实、快捷

××商场微博定位为"时尚、新奇、真实、快捷",这是基于××商场"时尚秀场""天天都是星期天"的经营定位确立的。同时,该微博要结合微博传播的特点和微博用户的行为习惯,用最快的速度传播××商场企业新闻、产品和文化信息。

四、微博内容建设

微博的内容建设主要包含发布和交流两部分内容,需做到特色鲜明、发布门槛低(140个字以内)、实时性强、个性色彩浓厚、交互便捷等微博特色,从而形成良好的营销传播模式。

1. "时尚秀场"板块

内容：发布××商场最新车展、房展、数码展、美食展、化妆品展、明星见面会、影片首映式、选秀、庆典等活动预告信息、筹备情况、现场活动情况等内容，密切与关注人群互动，每小时回复一次微博评论。

2. "奇趣××商场"板块

内容：发布××商场趣闻、故事，以图文形式与关注人群互动，每小时回复一次微博评论。

3. "乐购天地"板块

内容：发布××商场新品上市预告、最新商品促销信息、商品秒杀、新商户动态、促销活动等信息，密切与关注人群互动，每小时回复一次微博评论。

4. "职来职往"板块

内容：发布××商场招聘信息，提供零距离交流平台让求职者与人事部在线交流、问答，以此另类的营销方式吸引更多人关注。

五、推广方案

有了更新内容，就需要更好地对外推广，如果没有跟随者，那么再好的内容也无法得到有效的传播。粉丝参与度决定了微博粉丝对品牌的体验程度，同时它还对品牌活动的效果产生直接的影响。怎么拥有大批的粉丝和海量的关注呢？其实就是给足对方"理由"的过程。

因此我们的微博推广思路应该如下。

1. 首先丰富自己的内容，给足网友关注我们的"理由"。

2. 其次发动内部渠道获得一批可控粉丝，再由这些粉丝裂变获得第一批粉丝群。

3. 在拥有一定数量的粉丝和关注度之后，依然坚定地给足网友"理由"，通过策划不同的微博主题活动（明星、促销、奇闻趣事、人才招聘等），与不同诉求的粉丝保持高互动、高活跃，以保证商场微博的"长治久安"。

六、推广活动

1. ××微博联盟（2019年8月~9月）

目标：获得3000个粉丝。

内容：××商场微博的推广和大多数企业微博的推广一样，都会遭遇前期没有关注、没有粉丝的尴尬局面。针对这一情况，首先要从内部资源发掘。建立由××商场为首的微博联盟，前期一个月倡议并帮助其他广场主力店及步行商业街商户建立各自的企业微博并将其进行整合，建立互访及互加关注机制。此举目的在于通过开发内部资源获得更多的微博盟友，取得更多与所在广场息息相关的微博信息，在前期微博运营的试水阶段多出上百个可利用微博运营人员，达到微博粉丝初步裂变状态。

2.员工微博、全民皆"兵"（2019年8月~9月）

目标：获得1000个粉丝。

内容：与微博联盟的思路一样，通过倡议和点对点帮助，号召全体员工开通微博，并与广场官方微博建立关注。通过加微博有奖鼓励或评优优先等方式增加员工参与积极性。

3.异业联盟、合纵连横（2019年10月~11月）

目标：获得1000个粉丝。

内容：在拥有相当数量粉丝的基础上，根据条件开展跨行业异业联盟合作。通过与外部企业展开互访和添加关注，对其消费者和粉丝开展专项活动，共享粉丝资源。

4.明星风暴、完美演绎（2019年8月起持续开展）

内容：与明星微博建立关注，特别是光临过商场及与商场有潜在联系的明星。通过微博发表商场对其粉丝开展的活动，如进入周杰伦微博发帖："××商场想为周杰伦的广州粉丝做点什么，谁来提点好主意。奖励是……"

5.电子商务、立体营销（2019年8月起持续开展）

内容：引进最新一代电子商务屏"微博广告屏"放置卖场当中。该屏能同步联网直播××商场微博消息，有效刺激消费者在活动现场拿起手机发表微博。同时该屏幕还能联动线上线下开展微博抽奖等互动活动，对增加微博关注度意义重大。

6.不可抵御的诱惑"1元秒杀"（2019年10月~12月）

目标：获得2000个粉丝。

宣传重点：商品促销、特价秒杀。

内容：按计划经过前一阶段的发掘，商场微博大约有5000名粉丝，其中

> 500名较为活跃，商场已经具备了开展活动的基础人气。恰逢10月新装上市及国庆小长假，我们可以利用这一阶段每天组织1个商户，每天10个"1元秒杀"商品，进行大力度推广。商场借此活动扩大微博知名度，同时让活跃粉丝尝到实实在在的甜头，增加其忠诚度。
>
> 7.广告宣传（2019年8月起持续开展）
>
> 目标：获得2000个粉丝。
>
> 内容：将商场微博地址作为一个常态宣传信息，在商场广告宣传及其他任何形式媒体宣传上附带其信息，以达到长期宣传的效果。
>
> 七、微博运营
>
> 1.企业微博的运营是长期的，可以考虑以多个企业员工共同维护一个主账号的形式进行运营。
>
> 2.对于重点推广的文章，一定要填写详细的摘要，然后添加文章的短链接地址。
>
> 3.安排专人进行微博维护，即时解决网友疑问，提高顾客满意度。

4.5 微博营销的注意事项

微博营销主要是通过更新微博向用户传播企业和产品信息，并树立良好的企业形象和产品形象的一种新型营销方式，侧重于价值沟通、内容互动、品牌推广以及精确定位。要想微博营销达到一定的效果，还需要注意图4-8所示的事项。

图4-8 微博营销的注意事项

4.5.1 话题

根据目标听众设定话题，就是要在微博设立初期制定内容策略，就像一本杂志的主编设定杂志内容策略。微博的最终目的其实是分享内容。对于企业来说，运用好社会化媒体的关键在于内容策略。

4.5.2 标签

设好了标签，可以帮企业吸引潜在客户，如果标签设置不当，就算有上万的粉丝也难以发挥微博营销的作用。当然不同的时间需要用不同的标签，从而使企业发布的微博能在搜索结果中一直处在较靠前的位置，这样才有更多机会被企业的潜在客户关注。

4.5.3 善用大众热门话题

微博每小时热门话题排行以及每日热门话题排行都是很有用的，因为这些话题往往能吸引微博的大多数用户。如果企业能善加策划，将营销内容与热门话题结合，可以增加被用户搜索到的概率。一般在热门关键词前后各加"＃"，如"＃家乐福＃"。

4.5.4 主动搜索相关话题

把企业所在行业的网络用户常问的问题总结整理出来，提取其中重要的关键词，比如苏宁易购、苏宁易购社会化媒体互动营销方案等。企业要随时关注微博用户讨论内容，主动搜索，主动去与用户互动。

4.5.5 制定有规律的更新频率

通常每日发6～20条，企业如果频率和节奏把握不好，会让粉丝流失。

4.5.6 让内容有连载

比如每天推荐一个好作品或热门资讯，每周发布一次活动结果，连载会让粉丝的活跃度提高。

4.5.7 规划好发帖时间

微博有几个上线高峰，如上班前、午休时间、下午四点和晚上八点左右，要抓住这些高峰时间发帖，才可能提高阅读率和转发率。

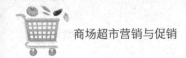

4.5.8 善用关注

在微博推广前期，善用关注功能能够迅速聚集粉丝。对新浪微博来说，每天最多只能关注500个人，关注的上限人数为2000人。

4.5.9 活动

企业一定要定期举办活动，活动能带来快速的粉丝增长，增加其忠诚度，同时使企业建立与竞争对手的差异。

4.5.10 互动

创造有意义的体验和互动，只要做到这一点，客户和潜在客户才会与企业产生真正的交流，才会愿意分享企业的微博内容。

相关链接

微博营销中需注意的"雷区"

雷区一：盲目跟风，微博是"万金油"

微博的确很神奇，但绝对不是"包治百病"。不要因为看到大家都开始用微博做营销，就立刻投入其中，最后不得其法，丧失信心。世界上没有最好的企业营销方式，只有最适合企业自身的。企业的潜在目标客户是否在微博上有一定的数量，他们在微博上主要关注什么、需要什么，企业和用户之间的联系是什么等，这些是需要企业提前去调研的。

雷区二：未计划就执行，品牌形象难统一

很多企业都是雇用刚毕业的大学生来负责微博，由于缺乏微博操作培训，他们在微博沟通中容易出现口气低龄化的通病。一些企业微博营销没有统筹规划，往往找一个人负责微博，就让他来做计划，执行一段时间，如果这个人换岗、离职又换下一个人来做，中间可能就停止更新很长一段时间。这样一来，企业微博好像患有"人格分裂"，日常更新和回复的语调都不统一，导致客户体验很差。

雷区三：忽视内容本身，迷恋粉丝数增长

到目前为止仍有很多企业将粉丝数作为考核微博营销的唯一指标。很多企业虽然拥有上万粉丝，但如果无法发掘出粉丝的价值对于企业本身来说毫无意义。

微博营销和其他网络营销方式一样，仍旧是内容为"王"。企业针对微博必须有规划设计，发什么内容、目标人群分析、要达到的效果和推广的目的必须有明确方向，这样才能够帮助微博维护人员执行。

雷区四：企业微博营销没有想象中那么容易

企业微博营销绝对不是人们想象中那种低门槛、低成本的营销方式。微博营销看起来似乎就是搞个头像、名字、背景等，每天发几条140字以内的内容。但实际上，它是看似简单，其实是最有难度的营销方式，需要操作者具备多方面的能力，广告、市场营销、危机公关都有涉及。而且，微博文案堪比一篇软文，既要好玩有趣，又要让用户认为有利可图，从而使其有兴趣参与评论或者转发。

目前做得较好的企业微博营销，基本都是团队运作，绝对不是开个微博每天发点内容就是微博营销。

企业微博营销是长期的，绝非一日之功。在前期没有活跃粉丝的时候，企业发的内容根本没人回应，何谈互动，何谈价值。因此如何增加真实活跃粉丝、持续提供有价值的微博信息、与用户合理有效的互动、评估企业微博营销效果等都是企业微博运营需要考虑的内容。

尽管微博本身的企业微博产品仍在摸索阶段，在产品展示和互动方面还不具备差异化，针对微博用户精准营销的思路还不明朗，但企业开展微博营销已成必然。企业应更深入地认识和了解微博营销的特点，谨防误区和盲点。

第5章
社群营销

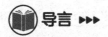 导言 ▶▶▶

相比于传统的营销手段来说，社群的概念本身就是私域流量的一部分，社群营销本质是低成本吸引新客户、快速建立彼此信任、提高弱关系的成交率、增加老客户或强关系的裂变。社群营销通过有价值的互动，建立强关系，提高社群成员的关注度和参与感。

5.1 社群营销的概念

社群营销是在线上社区营销及社会化媒体营销基础上发展起来的用户连接及交流更为紧密的网络营销方式。社群营销主要通过连接、沟通等方式实现用户价值。

简而言之,社群营销就是通过建立很多群,将目标客户吸引汇集到一起,持续提供客户所需的商品或服务,进而变现的一种营销模式。

人的社会性与群体性,是社群营销的基础。

5.2 社群营销的好处

对于传统零售企业来说,社群营销可以带来图5-1所示的好处。

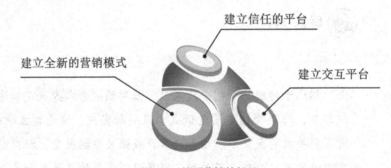

图5-1 社群营销的好处

5.2.1 建立信任的平台

买家与卖家建立信任关系,销售商品自然不会有问题。零售企业达不到理想销量的关键因素,也是因为缺乏建立信任的关系。社群营销利用搭建的社群作为桥梁,为顾客与商家建立信任的平台,这样就为后期的销售做好了铺垫。

5.2.2 建立交互平台

传统的零售企业销售商品总是单方向的,交易双方完成订单后,两者就没有关系了,那么后期的复购可能性就会比较随机。如果建立交互的平台,两者可以相互交流，情况就不一样了。

比如，顾客在商家的群里叙述自己使用的某件商品不好用，然后提出一些毛病，这样商家就可以清晰地了解到客户的需求和偏好，给予新的推荐，这样就很容易形成订单，这就是交互带给零售企业的优势。

5.2.3　建立全新的营销模式

大家在消费的时候，总是会关注商品质量和价格，这两者似乎存在着矛盾。质量与价格怎么统一，相信团购就是解决这个问题的完美方法之一。社群团购模式的建立，为客户提供高品质低价格的商品，使企业赢得客户的满意。

现在的市场竞争压力很大，商家经营离不开客户流量。然而要想获得更多有效的客户流量，就需要借助一个平台来经营客户。社群营销就是为这个而生，因此零售店走社群营销之路是市场发展的必然趋势。

相关链接

创建微信群，服务销售进小区入家门

服务到社区，销售进家门。微信作为时下最受欢迎的交流工具之一，也被商家派上用场。

2020年初的疫情期间，四川省泸州市步步高超市江阳店里的员工进入小区，建立了不少的微信群，为该超市的精准销售打下了基础。不仅如此，该超市还要求每位员工各自建立一个微信群，"把资源带回家"是该超市经营的核心理念。

通过建立微信群，该超市已和不少小区建立起销售服务合作，小区通过自身资源收集业主商品需求信息，超市根据需求统一安排送货服务。这样一来，既提高了超市的服务效率，又减少了单次配送的成本。

秒杀、送券、拼团……微信，不只是工具，在商家眼中还是很好的营销手段。

仅疫情期间，四川省泸州市的重百商场就建立了18个微信群，截止到2020年4月已拥有成员6000多人。同时，该商场的微商城还拥有注册会员近10万人，庞大的会员群体也带动了商场的销量。

5.3 营销社群的运营

商场（超市）可按图5-2所示的步骤来运营营销社群。

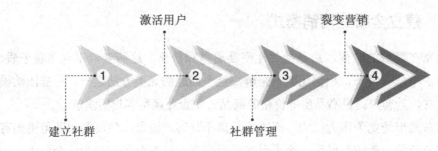

图5-2 营销社群的运营步骤

5.3.1 建立社群

建好群是做好社群运营的重要基础。商场（超市）具备非常好的建群的条件，本身已经有品牌背书，有一定的稳定客群。

（1）按顾客维度建相关的群。商场（超市）建群，不能采用粗放的建群模式，也就是把所有人，不管其属性、消费能力、诉求点差异等都拉到一个群里，这样的群未来的运营会非常困难。这也是目前导致很多群成为"死"群，或者是群里个别人活跃、大多人潜水的主要原因。

商场（超市）应该建立社群运营的矩阵，可以根据不同的顾客维度建立相关的群，可以按以下维度区分。

① 属性。男、女，年轻人、老年人，也可以是行业属性。不同属性的人缺乏共同语言，难以在一个群里聊天。

比如，话题方面，老年人的群要以健康、养生为主，年轻人的群要以时尚、好玩、专业为主，宝妈的群要以专业育儿为主。

② 消费能力。消费能力的差异直接决定了如何去运营群，并且这也直接决定了未来的群怎么去做。如果把不同消费能力的人拉到一个群里，很难将群运营好。

比如，卖家不断推送一些高档商品，消费能力低的人就会感觉卖的价格太高，如果迁就这部分群体，消费能力强的群体的需求有可能就得不到满足。

总之，针对不同的顾客属性，要建不同的群，确定不同的交流主题。

（2）社群定位。既然是社群，就一定要有一个群体定位，一个调性。物以类聚，人以群分。社群营销的思维模式就是找到一群"同频"的人。所谓的"同频"，就是有共同的爱好、需求或相同属性的群体。而只有明确了社群定位，才能吸引"同频"的目标顾客入群、互动、长期停留和变现转化。

社群定位的直接表现就是社群命名。

比如：一家独立门店，建议可用人格化社群名称，如"董小姐的生鲜店"，这类昵称有利于拉近社群距离；一家连锁门店，就要对社群名称进行统一规划，常规命名方式是"品牌名称+门店名称+品类名称+群编号"，如"佳乐家 TOP 会员店生鲜 1 群"；也可以综合以上两种方式的混搭命名，如"中百社区超市兄弟姐妹福利 1 群"。

总之，社群定位要通过命名和日常维护，体现商场（超市）品牌形象和品类特征。

（3）群员数量。群的人员数量的多少，要根据实际情况确定，一般不要做大群，人数一般在 200 人左右最佳。不一定非要 500 人，关键是要把相同属性的人员拉到一起。

（4）建群的方法。建群的方法可以有多种，主要如图 5-3 所示。

1. 扫描二维码入群。门店要设置一些便利顾客入群的方式,提供不同的群,方便顾客入群

2. 店内员工推荐。推荐顾客入群要成为店内人员的主要工作之一

3. 顾客推荐。最好是能达到这样的效果，这样能够产生更好的信任关系，能够产生更大的放大效果

图 5-3　建群的方法

> **小提示**
>
> 商场（超市）特别要重视建好种子用户群，这样的群成员会产生非常重要的传播价值，并且还会在帮助门店营销方面发挥重要的作用。

5.3.2　激活用户

建群后，在群的运营中，最重要的动作是激活群的成员，也就是商场（超市）的目标顾客。最终能够达到的目标是：群的成员能够对商场（超市）产生高度的信任，产生高度的依赖，最后这种信任与依赖能转化到商场（超市）的实际

经营中。

也就是说,激活的目标就是:增加目标顾客的到店频次、活跃度,由"周活"变"日活",甚至变成"日三活"。

那么,该如何激活群内的用户呢?可参考图5-4所示的七大法则。

图5-4 激活用户的七大法则

(1)情感激活。群一定是一个讲情感的空间,群将在很大程度上弥补商场(超市)在与目标顾客之间的情感连接上的不足,有效地解决商场(超市)这个无情感企业与情感丰富的顾客的情感连接。

群要讲情感,用情感去连接目标顾客。在群的环境下,商场(超市)要用情感拉近与目标用户的社交距离。如果不讲情感,二者之间还是一种硬邦邦的买卖关系,就失去了社群营销的重要意义。

(2)商品激活。商场(超市)做社群,最终一定要与自身的商品经营紧密结合。群适合选择什么样的商品,适合推送什么样的商品信息,一定要结合群的特征来确定。同时,还要考虑如何产生话题感,如何产生成员共鸣,如何产生引爆的效果等。

群推送的商品不能是简单的商品选择,也不能是只靠价格手段的信息分发。商品选择很重要,最好的商品推送信息应当是"新、奇、特+内容"。商品要具备图5-5所示的"三新"特征,还要具备一定的独特性。

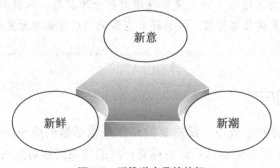

图5-5 群推送商品的特征

商场（超市）还要把商品与有关的内容和传播方式相结合：一是用内容赋予商品更多的价值增值；二是用不同的传播手段（如小视频）提升用户对商品的关注度，使之能够产生最佳的传播效果。

（3）内容激活。要想激活群员，内容传播非常重要。要结合群员的特征，选择适合的传播内容。好的内容可以产生类似黏合剂、润滑油、放大器等的重要作用。

目前，做内容的方式很多，可以是图文，可以是小视频。特别是小视频，其传播效果非常好。

（4）KOL（关键意见领袖）激活。KOL营销泛指有KOL参与的社会化媒体营销传播行为，兼具群体传播和大众传播的传播优势，其营销价值也受到市场的认可。

商场（超市）在社群营销中要高度重视KOL的价值，要结合社群运营培养自己的KOL——美食达人、育儿专家、养生专家、运动专家等，使他们在社群中逐步发挥重要的作用。

要用好门店商圈周边KOL——广场舞的召集人、健身教练、跆拳道教练、高级月嫂、知名厨师等，使他们与商场（超市）的社群运营做好紧密的结合，发挥好他们的价值。

（5）活动激活。商场（超市）要不断组织各种创新活动，包括社群中的活动和各种的线下活动。

在社群营销中，商场（超市）要特别结合实体门店这一突出优势，要把社群运营与到店活动做好结合，发挥好"店+社群"的优势。要结合社群成员的特点，组织一些有价值的体验活动，如品牌体验、采摘活动、亲子活动等，发挥激活成员、拉近距离的重要作用。

（6）红包激活。红包是微信平台设置的一个重要的功能，商场（超市）要科学有效地用好红包这一重要手段。对于什么样的群适合发红包，什么时间发，发多少，商家必须要设计一套规则，特别是要结合群的实际，把红包激活与强化群员关系紧密结合。

> **小提示**
>
> 在营销的环境下，任何的动作必须要都要有明确的目的性，发红包也一样。

（7）小程序激活。小程序是微信创新地用技术手段建立连接，激活群成员，从而产生更大营销价值的主要技术工具。小程序可以产生基于群的环境下系统化的营销价值。

商场（超市）要从建立连接开始，通过小程序实现与目标顾客在线化连接的目标，把小程序变成连接顾客的主要手段。连接以后如何导入相关的营销动作，商场（超市）需要配置适当的在线化营销平台。这种在线化的营销平台，可以满足企业在线交易、对接第三方到家平台、在线化营销等的实现。

在在线化的营销环境下，企业的营销理念、营销手段都需要调整，要逐步放弃价格手段，放弃传统的客单价理论，将营销目标转变到让目标顾客增加到店频次、增加购买频次，更多地产生有效复购率为主上来。

5.3.3 社群管理

群往往是一个非常松散的组织，做好群必须要有一套完整的管理规则，要有专人管理（没有专人管理的群非常容易陷入混乱）。

（1）选好群主。通过观察很多的群管理，可以得出这样的一个结论：不是所有人都会管理群。很多人不具备这种社交管理的能力，有很多的店长也不会管群。具体来说，群主应具备图5-6所示的能力。

图5-6 群主应具有的能力

另外，商场（超市）要对群主登记备案；在管理形式上也要建立群主群，方便活动方案、指令、培训等信息的发布和交流；要制定群主的奖励机制和带货分成相关规定。

（2）建立群规则。没有规则的群肯定做不好。群要确定主题，群的交流要围绕主题展开，尽量不能太偏离群的主题，更不能违反法律法规。

> **小提示**
> 面对越来越多的群，做好群还要特别注意以下原则：尽力为成员创造价值，尽量减少垃圾信息的打扰。

(3)定期调整。商场(超市)的群要定期调整,具体方法如图5-7所示。

图5-7 定期调整群的方法

5.3.4 裂变营销

社群要持续发展,一定要靠会员裂变,还可以做社群裂变。社群裂变的几种方法和建议如下。

(1)矩阵式营销。通过建立微信公众号矩阵、抖音小视频矩阵等将所有连锁门店的平台资源串联互动,这里注意一点就是保证门店形象设计的标准化和一致性,需要持续向顾客传递相同的信息。

(2)线下为线上引流。用线下品牌/新品发布会,线下培训等模式向线上引流,其流程如图5-8所示。

第一步	实体店搭建社群,首批目标群体是进店的客群,可以通过进群赠小礼品的方式,将众多用户拉进群。此外,还可以通过朋友圈有奖转发、朋友推荐、进店客户扫码、点对点的发福利、抽奖、海报宣传等方式引流进群。商家要把群的理念传达给目标客户,客户有兴趣了,才能加入群
第二步	线上可以通过走心的文案、内容营销等让顾客心动,从而吸引其进群
第三步	可以借助门店间、异业联盟客户间相互引流,例如帮助其他商家送电子优惠券、打折卡、实物小礼品等,顾客扫码进群后,来到自己的门店领奖等,从而将客流导流过来引进社群

图5-8 线下为线上引流的流程

比如,某超市在妇女节前夕策划"3·8会员积分狂欢节"的活动,噱头就是用100积分换取心动的礼品或优惠券,比如餐饮代金券、洗车卡、加油卡、电影票等。

商场（超市）还可以与多种业态或者异业商户进行合作，如百货、购物中心、建材家居生活广场、家电专业店、便利店、社区生活超市、加油站、电影院等。采取积分互换，相互引流的模式，不仅可以消耗会员顾客年度会员积分，还可以使不同业态实现目标顾客的互通。如果方案制定得好，奖品有吸引力，异业之间配合执行到位，这种引流模式是值得长期推广的。

（3）"关键人物"催化。畅销书《引爆点》有个核心观点：流行潮是否能发生，取决于时间、地点和条件，而个别人物对一个营销事件的加快传播具有关键性推动作用，这个个别人物就是所谓的"关键人物"。

比如，"老乡鸡"在新冠肺炎疫情期间的营销事件，其董事长束从轩作为"关键人物"真人出镜，是"老乡鸡"品牌裂变吸粉最关键的因素。

（4）慎用裂变工具。尽管社群裂变有"爆汁""任务宝""建群宝"等各种各样的小工具，但对传统零售业而言，开始不建议使用这些套路工具。因为零售业实体门店和千万员工对消费者而言，就是对产品质量的一种保证，依托线下引流，也是有诚意的表现，一定不能让小工具打扰顾客，影响顾客好的社群营销体验。

相关链接

天虹超市顾客社群营销提升消费者满意度

如今，数字化成为了实体零售商不可或缺的能力，勇于创新的天虹超市也从未停止数字化探索的脚步。

2019年年初，天虹推出了顾客社群营销，结合"天虹App"和"微信小程序"等天虹数字化运营生态，让顾客更及时、准确、便捷地了解天虹的商品、服务。

1. 社群更快速有效解决问题提升顾客满意度

天虹顾客社群正式运营以来，很好地满足了顾客的家庭购物需求及生活消费。

天虹超市建立的顾客微信社群，除了咨询服务外，还是邻里交流厨艺、健身、育儿经验等各种话题的场所。有一些热心顾客，自愿自发地与群友共享各种福利，更有顾客在群里重逢了老朋友，大家从陌生到熟悉、到成为主动组团拼团的铁杆好友。

门店通过社群与顾客进行高频互动，增强与顾客之间的黏性，通过社群直接对话顾客，可以缩短处理问题流程，提高服务效率，提升顾客满意度。

2. 社群与拼团结合引流效果显著

2019年2月底,拼团在天虹全国门店全面上线。天虹通过借助微信小程序拼团这一互动营销手段辐射门店周边用户及小区,提升消费者与超市的互动体验,凭借消费者的口碑宣传引发群蜂效应,从而获得更多客源。

天虹拼团商品的选品,主要围绕顾客的日常生活所需,在民生单品、生鲜商品等方向不断挖潜,持续满足顾客需求。

而随着社群的不断扩大,超市工作人员可以为顾客提供促销信息、拼团、活动推荐等。此外,拼团可以实现最直接的线上引流,带来更多的新顾客和关联销售,所带来的流量可以促进社群的良性扩张。同时,社群顾客通过拼团进行互动,分享好物心得,构建了良好的社群氛围。

2019年5月以来,天虹超市通过拉新活动,大力推广社群。截止到2019年7月,全国81家门店建立了社群共1075个,社群总规模达24万人。

拼团到店的自提模式,在往线下引流方面,产生了一定的作用,数据显示,50%的顾客到店提货时,会产生"顺带消费"——在店内购买其他的商品,而这"顺带消费"带来的销售是拼团销售的4倍。

天虹的社群及拼团营销,是数字化、供应链、体验式三大战略落地的具体体现,实实在在地指向顾客价值创造。

5.4 社群营销的策略

加入社群,对于消费者来说,只是一个获取优惠的简单操作;对于商家来说,却是一个提高用户对品牌的黏性,让品牌可以重复触达用户、多次销售的重要操作。对于商场(超市)来说,可以采取图5-9所示的策略来做好社群营销。

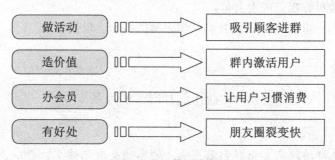

图5-9 社群营销的策略

5.4.1 做活动——吸引顾客进群

商场（超市）可以设计一个超低价的引流产品，这个产品必须是刚需，而且其正常价格也是众所周知的。

比如，1袋鸡蛋（5个）只要1块钱，前提是扫码进群，或扫码添加商场（超市）客服号，再拉进群。活动一定要做传单，并广泛地发放出去。

5.4.2 造价值——群内激活用户

顾客都进群了，自然要给顾客好处，才能留住顾客。这个好处怎么给呢？

（1）定时发红包。可在群里通知每天几点发红包，自然一到点就会有人在，而且还会吸引用户拉好友进来抢，自动裂变。发完红包后，还要引导顾客互动。

（2）给最佳手气者送礼。每天给最佳手气者或者前三名都设置一个福利，这个福利必须是到店领取。

（3）还可以设置拼团、秒杀等各种活动，只要能引起顾客的兴趣就行。

5.4.3 办会员——让用户习惯消费

如何锁住用户，最好的办法就是让用户充值办会员卡，让用户习惯在这里消费。那如何让用户成为会员？

（1）设置差价。同一商品设置会员价和正常价，且价格要有明显的区别，让用户感受到会员的优势，以此吸引用户办卡。

（2）设置门槛。比如，充值多少送多少，成为会员后每单都有特价，甚至有一些会员专享商品。当然，除了送钱给会员，也可以在此"玩"裂变。

5.4.4 有好处——朋友圈裂变快

做一张宣传海报，让群里的用户转发到朋友圈，集赞或者只需要转发就行，便可以享受会员特权，成为会员。

下面提供一份××超市的社群营销方案的范本，仅供参考。

【范本】

××超市的社群营销方案

第一步：聚客

水是生命的源泉，而我们做生意，顾客就是我们的水，所以我们第一步是先聚客。我们推出了以下三个聚客活动。

（1）正宗东北大米——稻花香二号免费赠送，每人限量领取500克，每天限量50千克。这一款稻花香二号大米的市场售价每500克最低也要8元，所以推出免费送后，吸引了大量的顾客。但是这里我们是设置了领取条件的，如果想要免费领取，需要添加门店客服的微信，并且转发朋友圈。

（2）朋友圈集赞活动。转发活动信息到朋友圈集满35个赞，赠送10元购物卡1张，每天限量450名；集满66个赞，原价58元/箱的纯牛奶只需30元，每天限量150名；集满128个赞，原价120元的5升装花生油只需60元，每天仅限30名。

（3）农家土鸡蛋免费赠送，每人限量领取500克，每天限量50千克。凡是过来兑奖的，都必须要添加门店客服的微信方可参与活动。

盈利分析：当顾客来到店里以后，无论是参加哪个活动，排队等待是肯定的。与此同时，顾客就很可能消费其他产品，因为顾客会这样想，超市都搞这么大的活动了，其他产品肯定也会打折，索性就逛逛吧。这里我们为了激励顾客购物，还设了一个抽奖活动，奖品有超市购物卡、加油站加油卡、话费购物卡、日用百货等；凡是购物满118元可抽奖一次，购物满188元可以抽奖两次，这样一来我们就能保证不亏甚至盈利。

第二步：培育社群维护

当我们第一步聚客活动推出以后，我们把引流过来的1700名顾客分成5个群进行培育，每个群340人左右。

（1）每天晚上8:30的时候，我们会在群里发这么一个消息，告知群成员今天有一些水果和蔬菜没有卖完，如果有需要的可以打5.5折，并且送货上门，之所以这么便宜，是因为第二天就不新鲜了。这样一来顾客不仅会认为超市的东西好，而且是一个有良心、有责任的商家，从而就建立起了信任。

（2）每周二、四、六的时候，我们会在群里说明，明天店里会有××水果要到，因为没有摆柜，如果有需要的提前预订，可以享受原价的8.8折优惠。

（3）每天在群里发一个拼手气红包，但凡抢到最大的第二天去超市，全场商品可以打8.8折。

第三步：成交锁客

（1）充值1000元送1399元全智能电饭煲，这里面的1000元充值不是无门槛消费的，而是每次来店里消费可以抵扣10%。这其实就是给顾客打一个9折，这一招其实是利润腾挪，前置让利。

（2）充值1000元储值1000元，每次消费可以抵扣30%。

当两个充值活动推出以后，我们的办卡率达到了80%，有的顾客甚至两个活动都参加了。此次充值活动结束，超市共计有1360人办卡，共计收款约136万。

第 6 章
直播营销

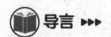 导言 ▶▶▶

> 直播带货作为一种线上的营销方式,特别是在2020年初的疫情时期成为不少企业的"自救"措施。众多将直播视为临时性"自救"措施的企业,无意中获得了新的增长点,其中不乏商场(超市)这样长期钟情于线下的实体经营者。

6.1 直播营销的概念

直播营销是指在现场随着事件的发生、发展进程同时制作和播出节目的营销方式,该营销活动以直播平台为载体,以企业获得品牌知名度的提升或是销量的增长为目的。

6.2 直播营销的优势

直播营销是一种营销形式上的重要创新,也是非常能体现互联网视频特色的板块。对于广告主而言,直播营销有着极大的优势,具体如图6-1所示。

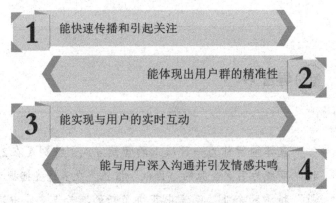

图6-1 直播营销的优势

6.2.1 能快速传播和引起关注

某种意义上,当下的直播营销就是一场事件营销。除了本身的广告效应,直播内容的新闻效应往往更明显,引爆性也更强。一个事件或者一个话题,相对而言,可以更轻松地进行传播和引起关注。

6.2.2 能体现出用户群的精准性

在观看直播视频时,用户需要在一个特定的时间共同进入播放页面,这种播出时间上的限制,能够帮助商家真正识别并抓住这批具有忠诚度的精准目标人群。

6.2.3 能实现与用户的实时互动

相较于传统电视,互联网视频的一大优势就是能够满足用户更为多元的需求。不仅仅是单向的观看,还能一起发弹幕吐槽,喜欢谁就直接献花打赏,甚至还能根据观众需求改变节目进程。这种互动的真实性和立体性,也只有在直播的时候能够完全展现。

6.2.4 能与用户深入沟通并引发情感共鸣

在这个信息碎片化的时代里,人们在日常生活中的交集越来越少,尤其是情感层面的交流越来越浅。直播,这种带有仪式感的内容播出形式,能让一批具有相同志趣的人聚集在一起,聚焦在共同的爱好上,情绪相互感染,达成一种高涨的情感气氛。如果品牌能在这种氛围下做到恰到好处的推广,其营销效果一定是事半功倍。

 相关链接

直播——增量的"万金油"

2020年,在疫情的催化下,直播成为各行各业的"万金油"。商场(超市)也不例外。

2020年2月18日,银泰百货携手淘宝,为10位湖北导购开通直播专场。整场直播历时3小时,观看人数达7.5万人,相当于一家顶级购物中心的周末客流。除此之外,银泰百货CEO陈晓东还亲自上阵直播,4小时的直播观看人数达22万。银泰方面表示,2月中旬以来,银泰从一天不到10场直播到每天开播300场,变身主播的导购数量从50人激增到5000人。甚至,有的导购直播3小时服务的人数相当于半年接待的客流量,单场销售额做到了一个礼拜的业绩。

2020年2月28日,金鹰购小程序首次上线直播功能,在未经宣传的情况下,单场观看人数达1.4万人,销售总额超10万元。3月3日的直播,累计观看人数超过8万,销售总额突破200万,5天时间完成了是以往20倍的销售额。在3月6日共计31场的直播中,当日累计在线观看人数达14万人,销售总额破400万,截至3月7日,仅兰蔻、雅诗兰黛、SK-Ⅱ三大品牌共计24场的直播,合计销售总额就达到了600万。

福建东百中心推出的"上直播看我造"秒杀专场,销售总额突破了125万元,小程序的浏览量将近40万人次。

八佰伴全店线上商城销售占比达13.6%，"三八"节活动期间线上小程序日均访问量达10万人次，环比增长191%。

2020年4月23日，北京物美和多点在最近结束的一场直播活动中，该超市1小时售出1019盒半成品小龙虾。更为重要的是，直播带动北京物美周末档大促，其中小龙虾销售额达39万元。

继北京物美直播首秀后，多点（Dmall）将直播带货模式复制到华东物美、重百新世纪超市、新百连超、中百仓储、美食林、嘉荣、山东圣豪、胜大超市等区域性超市。多点提供的数据显示，1个多月内，多点联合多家商超做了51场直播，累计触达66万消费者。

自2020年3月以来，超市行业掀起了一波直播热潮。家乐福、永辉等一线品牌超市陆续推出自己的直播活动。4月18日，苏宁家乐福华北区总裁上阵直播，半小时观看量达60万；永辉"女神节"直播时达到20万观看量。

其实，单场直播的销售额在超市全天的营业额中还是只占一小部分，但是这个全新的模式带来了新的增量，未来还有很大的展望空间。

直播无疑成为当前的"风口"。根据第三方机构艾瑞咨询最新发布的《2020年中国企业直播服务市场研究报告》，2019年中国企业直播服务市场收入规模破10亿元大关，达14.8亿元，2020年中国企业直播服务市场收入规模有望突破35亿元，企业直播服务市场体量持续增大。

6.3　直播营销的常见模式

常见的直播营销有图6-2所示的三种模式。

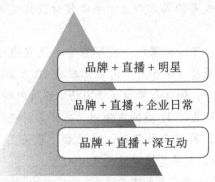

图6-2　直播营销的常见模式

6.3.1 品牌+直播+明星

"品牌+直播+明星"在企业直播营销的所有方式中,属于相对成熟、方便执行、容易成功的一种方式。明星往往拥有庞大的粉丝群,明星的参与可以迅速抓住观众的注意力,进而产生巨大的流量。所以在大多数情况下,企业想要通过直播塑造品牌形象时,一般都会优先考虑拥有固定形象的明星。

不过需要考虑的是,这种方式虽然见效快,但也有一定的缺陷。大部分明星很难留下影响较为深远的话题,而且明星直播已经被大量企业使用,观众对明星的好奇心被大量消磨之后,其产生的效益也会大量减少。因此,企业在利用这种直播方式进行营销活动的时候,要学会把握时机、适当利用。

6.3.2 品牌+直播+企业日常

在直播的时代,个人吃饭、购物等日常活动都可以作为宣传个人的直播内容,那么企业的日常同样也可以作为直播内容进行品牌宣传。

所谓的"企业日常",指的是企业制定、研发、生产产品的过程等,甚至是企业开会、员工工作或就餐。这些对于企业来说稀松平常,甚至还有点琐碎的小事,对于消费者来说却是产品背后的"机密"。因此,将"企业日常"挖掘出来,搬上直播平台也是一种可以吸引观众注意力的直播营销方式。

6.3.3 品牌+直播+深互动

现在业界对于直播营销的探索还在进行中,但是有一点已经形成共识:直播最大的优势在于带给用户更直接、更亲近的使用体验,甚至可以做到零距离互动。

但这点实际上是最难以创新的一种直播营销方式。因为直播本身就具有高效的互动性,所以企业想要让品牌通过直播平台与消费者进一步"深互动"则需要极大的创新思维。但是,一旦企业对"品牌+直播+深互动"有了正确的创新思路,就会获得相当可观的成果。

6.4 直播平台的选择

既然是直播,商场(超市)就要确定直播的平台,研究一下哪个平台更适合自己,抖音、快手、淘宝、微信、映客等直播平台,各有各的优势,也各有要求。商场(超市)可根据门店所在的区域,选择适合的直播平台,一般来说平台都有自己的商城体系，可以同时设立。

当然，选择大平台，借助平台大流量优势，机会会更大一些。

比如，一些商场选择公域流量平台直播卖货，如北京翠微百货、新世界百货各大门店均在抖音注册了账号，并不定时地开展直播。还有一些商场选择在自有平台直播卖货，如广百百货就在旗下的广百荟App直播间开启了直播卖货，每天四场，由专柜导购变身主播与消费者进行互动。

在上海"五五购物节"期间，上海第一百货、新世界大丸百货等在拼多多电商平台开启直播卖货；百联集团旗下的百联世博源购物中心、又一城购物中心等还同时在淘宝开设了直播间。

永辉超市作为首批参与直播活动的零售企业，已在福建、天津等地，在抖音上推出了多场不同内容的直播，每场直播的时间均在2小时左右，具体如图6-3所示。

图6-3 永辉超市在抖音的直播页面

 相关链接

抖音直播带动消费升温

收拾、整理，抖音大号拿起锅碗瓢盆走进直播间……不到两个小时，几十套苏泊尔三件套厨具就被一抢而空。这种销售情况，就出现在四川省泸州市步步高超市江阳店。该超市每周进行一次直播，每次两个小时，点击率都能上十万，效果非常好。之前只是通过直播销售一些大品牌，现在超市里的各类商品，甚至现金券、抵扣券等优惠活动都在直播上进行，效果很好。

利用抖音平台提高销量，几乎所有的商场、超市都尝到了直播促销的甜头。

比如，泸州市万象汇商场通过组织 KOL 直播售货、联系抖音大号共同打造美食直播，截至 2020 年 3 月底，已经做了 21 场直播，观看人数近 5 万，帮助商场实现了线上线下的销售转化。

同样，在泸州市的重百商场，通过商场抖音号每周一至周四进行探店动态直播，周五、周末及节假日进行品牌直播，在不同时间段，针对不同商品、不同消费群体开展直播，增加成交量。

这些全新的销售模式更加贴近消费者，更能带动商品的宣传和销售。

6.5　直播主播的挑选

直播受到年轻人喜爱，很重要的一个原因是互动性强，其中主播的个人魅力和影响力至关重要。那么，对以卖货为主业的商场（超市），如何挑选自己的主播？

6.5.1　业务能力强

从已有的尝试看，目前商场（超市）更加看重的，还是主播自身的业务能力，也就是商品知识和行业知识。

比如，永辉直播的主持人大多数是来自厂商或导购员，这相当于是把线下的推销搬到了手机里，以商品为核心的本质没有变。而在物美和多点与宝洁的直播首秀中，出镜的两位主播为宝洁卫生用品高级销售经理和"90 后"美妆达人等。他们的行业知识丰富，能够充分展示商品的卖点，同时具有一定的流量基础，这也是直播引流的一种手段。

其实直播本身并不是很难，难的是要有员工愿意去做这个事情，商场（超市）可以在团队内部寻求一些具有一定的专业能力、口才较好、面容端庄的员工做主播。

比如，从 2020 年 2 月开始，银泰百货的导购们就在淘宝上直播带货。银泰和淘宝发起的"导购在家直播"的项目得到了大批品牌商的支持。化妆品、运动装、服饰等品类商家纷纷表示支持，甚至给出了粉丝专享福利。雅诗兰黛、科颜氏、悦木之源、艾诺碧（IOPE）、耐克、斐乐、泰兰尼斯等品牌，已率先加入"导购在家直播"项目。

早在 2019 年 5 月，银泰百货就曾携手天猫淘宝发起"云柜姐计划"；"618"期间，100 位导购尝试直播卖货。银泰通过短视频、直播等方式，赋能 5 万一线导购，使她们从普通"柜姐"成长为"新零售导购"。其中，银泰百货杭州某化妆品专柜的导购，首次在淘宝进行短视频直播，仅一上午的时间，个人销售额就冲上 6 万，是她平日销售额的 6 倍。

通过直播，银泰百货可以把消费者与商品连接起来，从而促成购买行为。这种模式下，导购在家也可远程服务顾客，成交后可取得分佣，与之前的只服务到店的顾客相比，导购的收入也获得了提高。

当然，如果商场（超市）能够一开始就有自己的定位，并且形成一个虚拟的小团队，这样效果会更好。

6.5.2　表演能力强

需要指出的是，直播的魅力之一，就在于表演性。也可以说，一个人对着直播看一个小时，最后什么也没有买，但是他并没有觉得自己在浪费时间，这就是好的直播。表演性这个词对于线下零售业，其实一点都不陌生。过去超市里的各种试吃活动、花式叫卖，其实都是零售业中的"表演"。

直播同样是一个表演的舞台，只是由于条件有限，主播更多的是依靠个人形象、口才和风格吸引观众。其实，对于商场（超市）来讲，未必需要个人风格很强的主播，但是可以根据自身的定位和品类特点，形成自己一以贯之的风格和定位。

比如，永辉方面表示，未来还将依托于永辉强大的生鲜供应链体系，在直播形式上也会突破传统直播间的方式，尝试走进永辉遍布各地的直采产地，在田间地头、生产车间为消费者带来更直观、更具性价比的爆款商品。在超市里面，永辉的生鲜标签是比较突出的，那么永辉利用直播这个渠道，突出生鲜的现场感，作为自己的定位，未尝不可。

何况，这种资源和场景的稀缺性，对于具备好奇心的消费者，也是一种难得的"表演"。而各家超市，其实都有一些自己独特的资源。

6.5.3　专业能力强

直播本质上是一种视频传播，绕不开其媒介属性，商场（超市）要想做好直播，还得有懂视频传播的专业人员。随着直播带货的发展，用户对主播的专业性要求也会逐步提高，这就要求商场（超市）必须对自己的员工做好视频传播方面的专业培训，让专业的人去做专业的事情。

6.6　直播活动的预热

每一场活动，都需要有一个预热的过程，商场（超市）的直播营销活动也不例外。

在直播前，企业营销人员一方面要通过微信、微博、自媒体等各类企业新媒体平台发布企业活动信息，并抓住活动爆点，逐步解密，持续吸引观众注意力。另一方面，可将定制的企业直播间嵌入到官网、官微以及微信公众号等平台，使各平台粉丝能够直接通过直播链接观看企业直播活动，实现粉丝聚合；同时可借助有奖分享、榜单排行、第三方推流等营销组件，让企业活动获得更多传播渠道，并进一步提高观众参与积极性，放大活动影响力。

直播预热要确定好直播主题，可以借助当下热点事件、权威平台、网红明星，实现借势营销。

比如，罗永浩的直播预热套路。

第一步，2020年3月19日，通过个人微博宣布直播带货，并寻找厂商合作，号称有超过1000家厂商与其联系；通过自带流量，展开话题营销，引发"大V"和媒体转发。

第二步，2020年3月26日，发布抖音视频，宣布抖音成为其独家直播带货平台，结果4小时收获100万抖音粉丝。

明星预热的套路因为自带流量，难以复制，但商场（超市）的会员优势是可以转化为粉丝优势的。商场（超市）可以通过店内海报陈列、公众号发布、员工朋友圈转发、社群@所有人等方式，吸引更多顾客参与。

所以，多平台全方位预热，确保足够数量的观众基础，这是直播成败的第一要素。

6.7　直播品类的选择

直播带货，对选品要求很高。作为品类结构更为复杂的商场（超市），选品难度更大。什么品类适合直播销售？这需要商场（超市）仔细斟酌。

2020年3月3日至3月7日，永辉超市联合国内知名厂商在"3·8女神节"

图6-4 永辉超市直播活动

前直播（图6-4），一线采购、厂商人员出镜作为主播带货，超20万网友在线观看。从内容设置上看，永辉直播这次选择的主题更多是偏向品类主题。目前，永辉超市直播活动主要涵盖食品、家用、洗护等品类。从品类设置包括从女神节切入来看，永辉至少有一点很明确，就是以女性特别是居家的女性为自己的直播主要用户群。

物美超市在2020年3月10日和12日分别进行了宝洁和联合利华两场专场直播。这也是物美超市首次以直播方式进行销售。物美超市的直播，从品类上也是洗护用品，内容则有一定的品牌定制化特点，分别与宝洁和联合利华合作。

6.7.1 洗护品

为什么洗护品类会被商场（超市）选择为尝试直播的切入口？除了其目标用户群容易被锁定，或许还因为这一品类既是刚需生活用品，同时动销又比较慢，商家需要释放一定库存或者上新。如果形成购买，时效履约方面又不是那么紧迫。几个条件叠加在一起，对于直播的新手来说，这个品类的安全系数也较高。

真正从卖货的角度考虑，直播其实对货品的选择还是有门道的，比如货品最好有一定的体验感或者需要展示。从这一点来说，快消品的难度更大一点；服装、小家电，个人护理用品和化妆品，都是比较适合的品类。

另外，看直播的人群本身还是以年轻人为主，因此要符合年轻人的审美和趣味，这一点和大卖场的传统客群也有一定的区别。而直播，也是这些超市品牌赢得年轻人好感的一种方式。

6.7.2 生鲜食品

食品类为人们日常生活的刚需，商场（超市）也可从这个品类着手来开展直播卖货。

2020年年初，受新冠肺炎疫情影响，以及节假日生产保障、供应链运力有限等因素叠加，个别地区短暂出现蔬菜生鲜商品"断供""涨价"而被消费者"吐槽"的状况。为引导消费者科学理性消费，中国消费者协会联合中国连锁经营协会在今日头条、抖音短视频等平台推出了"保供应、增信心、抗疫情"专项线上直播活动。

比如，物美在经过两次的洗护用品直播后，第三次直播开始卖起了生鲜。

直播上线前一天，物美就已在官微上进行预热，并提前放出直播商品预告，告知顾客本次直播的 30 种商品中涵盖了蔬菜、水果、肉、蛋、海鲜、调味、饮品、厨房用纸，可以看出选品上主要围绕的是居民的一日三餐。

价格设定上，所有商品均为直播专享价，购满 99 元送 1 袋香蕉。为了激发观看者的购物欲，物美还选取了几款特价爆品，比如，3 个 1 千克的菠萝只需 10 元，1 箱 4 个的西州蜜瓜仅售 39.6 元。

消费者对于这一策略十分受用。直播结束后，这些特价商品荣登热卖榜前列，说明优惠是直播带货促成成交的一个重要手段，尤其对大众熟悉的品类，相比线下门店，消费者选择在直播间下单的意愿更取决于价格的优惠程度。这从直播间的评论中也能看出，"便宜"二字出现的频率很高。

这一次，物美"牵手"的是川菜品牌眉州东坡，以做菜的形式带动商品销售，颇有些电视美食节目的感觉。眉州东坡派了一位厨艺精湛的厨师掌勺，将直播间售卖的生鲜进行搭配，烹饪出香椿炒鸡蛋、宫保鸡丁、香葱虾等多种美食。现场制作更能将食材的优势展示给顾客，也会激发起顾客的购买欲。

餐饮与超市的跨界联合，在直播中确实是一个比较吸睛的组合，也迎合了新冠肺炎疫情下"全民下厨"的趋势。乘着下厨的"东风"，物美以"美食教做"的形式将生鲜带到线上售卖，这场直播结束后，物美获得了 1.8 万观看量、近 5000 条评论和 10.4 万点赞量。

作为高频刚需品，生鲜的基本品类早已被消费者熟知，大家在生鲜购买上的目的比较明确，且随着社区店遍地开花，相比于生鲜直播，下楼就能买菜的社区店更便捷。

退一步来讲，即使消费者"懒"得下楼，下单后 1 小时内必达的各类生鲜电商也足以满足这部分顾客需求，在社区店和生鲜电商的腹背夹击下，生鲜直播是否真的没有生存空间？

如何看待这个问题，取决于商场（超市）的诉求点。单从销售角度来看，生鲜直播的销售额肯定比不上社区店和生鲜电商。但除销售额之外，生鲜直播是否能带来其他收益，对商场（超市）未来的发展是否有利，这些问题值得好好探讨一番。

生鲜直播更注重场景，在源头产地直播，消费者更能感知生鲜商品的鲜度与健康，若单纯把镜头对准卖场内的生鲜货架，则无法展现生鲜的卖点，很难刺激消费者下单。

直播的生鲜商品要具备两种优势，一是价格，二是品牌化。对于大众熟知的生鲜品类，要走低价路线刺激消费者下单。若不走低价路线，就要主打生鲜的品

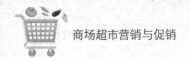

牌化优势，强化生鲜在消费者心中的品牌意识，将健康、安全、优质的品质表现出来。在这方面，直播自带场景式体验感，相比线下实体店更具优势。

此外，鲜度与履约时效也是消费者在下单时考虑的重要因素。

生鲜商品只要一"上线"，销售难度自然上升，对于要求鲜度的生鲜商品，无法触摸的购买模式会使消费者下单更谨慎。鲜度对于线上生鲜商品至关重要，若鲜度不够，就难以留住消费者，更无法建立忠实顾客群。尤其是生鲜直播，要保证送到消费者手中的生鲜品质与屏幕上宣传的品质一样，否则会给消费者留下虚假宣传的印象，影响商场（超市）的口碑。商品品质是核心竞争力，如果品质不过关，直播只是看着很热闹，消费者并不会购买。

履约时效方面，目前尝试直播的商场（超市）几乎都采取预售制模式，即当天下单，第二天送达。这是社区拼团常用的一种模式，能保证商品的高周转率。但对于高频刚需的生鲜商品来说，消费者对时效性的要求很高，如何平衡低价与时效，绕过时效性更强的生鲜电商直达消费者，是商场（超市）做生鲜直播面对的一道难题。

6.7.3 选品数量

初期直播，品牌以大牌、共性、应景、应季商品为主，比如洗手液、面膜、生鲜食品、电烤箱、净化器、换季服装等。单品不宜过多，以3～6个为佳。

> **小提示**
>
> 直播商品一定要方便顾客点击购买和付款。后台的电商或购物小程序是支撑社群营销和直播带货的关键一环，如果顾客只是看到商品图片和价格，不能一键下单，每增加一个环节，就会多一分流单的可能。所以，一定要设计便捷醒目的线上购物付款通道。

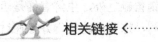

永辉超市将直播间"搬"到田间地头

2020年4月，一场别开生面的直播活动在重庆市南川区水江镇南川方竹示范基地内进行，永辉超市将直播间直接"搬"到了源头产地的田间地头，为消费者带来了一场最直观的直播体验。

"本来只想看一看,结果看到主播现场挖笋、现场试吃,没忍住下了一单!"几天前,家住南岸区的李小姐在朋友圈看到永辉超市的直播预告,因为家里人特别爱吃笋,就关注了这场直播。直播过程中,李小姐通过视频看到了产地情况、采摘过程,甚至还学到了如何剥笋和烹饪手法,当即通过永辉生活App下单购买了一份南川鲜竹笋。

本次南川鲜竹笋直播活动仅在永辉生活App重庆区域开展,虽然销售区域有限,但直播期间,还是有上万名网友涌入直播间观看,一个小时左右的直播时间,订单量超过了3000份,销量超过15000斤。为了保证消费者能尝到最新鲜的竹笋,当地有着几十年经验的资深笋农,在直播进行的同时,现场采摘新鲜竹笋。采挖完成后,由永辉超市产地一线采购人员组织农户进行分拣,挑选出品相上成的竹笋后现场发货,为下单用户包邮送到家。

依托于永辉强大的生鲜供应链体系,永辉超市逐步将直播商品从以家用、食品、洗护类为主拓展到更加符合永辉"生鲜为王"特色的生鲜商品;直播形式也突破传统,带着用户走进永辉遍布各地的源头直采产地,向消费者形象直观地呈现商品生产、采摘等过程,更把单向购买转化成双向互动、有温度的交流过程。

6.8　直播时间的选择

商场(超市)的直播活动时间应与门店营业时间同步节奏。对于直播时间的选择,考虑到工作日和刷视频的休闲高峰,以晚上8～10点最佳,其次可考虑周六、周日的下午3～5点。

6.9　直播场地的搭建

商场(超市)的优势在于场景的代入感,直播选择在门店实景拍摄有观赏性。长期来看,有条件的门店可以固定搭建卖场直播间,统一直播间环境背景和主题形象,通过直播向消费者进行稳定的视觉传达输出,有助于强化品牌形象。

如果不能搭建固定直播间,可在直播品牌所在区域临时搭建,这种现场演示也容易引起围观,促进线上线下双重销售。

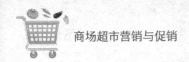

6.10 直播流量的变现

直播带货不是一场孤立的活动，它是一个整合的营销活动，有预热、有传播、有圈粉、有预售、有互动，就是通过动员导购员集合消费者，然后汇流到直播平台成交。直播带货并非易事，这需要考虑技术、传播、现场互动、主播风格、前期引流、产品卖点、利益诱惑等多方面因素。

6.10.1 流量变现的制约

商场（超市）的直播销售转化率普遍不高，运营商也尚未打通与品牌商的双向增长机制，引流、选品、技术、主播等方面的不完善都制约着商场直播卖货。想要把流量变现，对商场（超市）来说并不是件容易的事，具体体现在以下几个方面。

（1）引流方面的制约。在引流方面，商场直播并不像网红直播那么便捷。有消费者表示，网红直播时间较为固定，在商场举办的直播中，不同品牌的直播时间和场次都不同，需要频繁添加导购微信或加入购物群，通过群消息获取直播时间，比较麻烦。

同时，一些商场的直播平台以私域流量为主，大部分的粉丝都是商场的熟客，公域流量难以吸引进来，影响力有限。

（2）技术方面的制约。在技术方面，由于目前的直播仍处于起步阶段，硬件设备方面不够专业，直播设备差，直播环境嘈杂和下单付款手续烦琐都是普遍存在的问题。

（3）主播方面的制约。在主播方面，目前商场直播间的主播一般由品牌导购担任，以产品试用、讲解和与顾客互动等方式促成线上交易。但是主播话术不专业、对直播场控把握不到位等问题难以避免。而这些都直接影响到用户体验，最终导致带货效果不佳。

6.10.2 品牌折扣成引流重点

对于商场（超市）直播而言，没有电商平台培养的"头部主播"，它们靠什么来吸引观众？答案是品牌和折扣。

比如，多点的直播数据显示：中百联合利华的某次直播专场，观看人数为14140人，联合利华的品牌吸引力可见一斑；某次直播中农夫山泉矿泉水（一箱28瓶500毫升装）的折扣力度接近5折，当天的观看人数为3720人，该单品的销量为2082单。

除了品牌商品外，网红应季商品也颇受欢迎。

比如，多点的直播数据显示，在2020年4月18日的多点小龙虾专场直播活动中，当天17:30～18:30，北京物美半成品小龙虾销量为1019盒，较4月17日同一时段的销量提升190.72%，该场直播的关联单品龙虾尾、酱牛肉、榴莲等销量也大幅提升。

据悉，目前多点直播中的品牌折扣基本上由多点平台和品牌方共同承担。与多点直播相类似，永旺超市的直播合作对象也都是知名品牌。

比如，在"永旺和宝洁大促专场直播"中，除了宝洁的品牌吸引力外，直播间还给出了低至5折的秒杀价；"永旺日系网红化妆品直播专场"中，莎娜（SANA）豆乳系列给出了"满99元减30元"的口令优惠券。

与受到人气主播带动而进入直播间的观众不同，进入商场（超市）直播间的消费者大多是冲着品牌折扣来的，有着较强的购买欲望，因此销量会大幅提高。

6.10.3　商品和服务为核心

从短期来看，商场（超市）以更低的商品价格作为拓展流量的手段的确会带来一定的流量。但从长远来看，如果商场（超市）想要将流量转化为私域流量，还是要将商品和服务作为核心。

直播无疑是当下的"风口"。而作为一种与直播密切相连的营销方式，从本质上看，直播带货抓住的还是消费者心理，进而引导消费者购买。不过，现在多数商场（超市）还是直播界的新手，也还没有成熟流量较大的直播平台与专门的网红主播直播间，因此直播带货中的常用手段多为低价销售。

从效果来看，这种直播也为商场（超市）带来了一定的流量。因此，就短期而言，初尝甜头的商场（超市）也将会把直播常态化经营下去。不过，在瞬息万变的时代中，面临同质化的商品竞争，商场（超市）如果仅仅依靠低价这样的常规手段，销售额还是难以获得爆发式增长的。而且，作为渠道零售商，直播带货也仅仅是为品牌商搭台做嫁衣。况且，直播带货也不能单纯地为商场（超市）增加新的利润渠道。

目前，直播仅仅是商场（超市）摆脱顾客进店路径依赖和信息传播媒介依赖的一种尝试。对于商场（超市）来说，传统商超服务往往覆盖在其周围3～5公里以内的人群，因此它同电商平台也有着本质区别。而对于像盒马鲜生、苏宁家乐福这类有互联网背景的企业来说，直播带货也帮助其拓宽了目标人群，并使其触及了更多消费者。因此，相比较而言，许多商场（超市）的线上环节仍旧比较薄弱。而对于这些商场（超市）来说，如果想要真正用好直播带货这步棋，就必

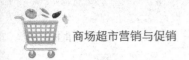

须要在线上平台搭建以及物流配送方面进行进一步的完善。

> **小提示**
>
> 直播卖货，其底层逻辑还是流量变现，能够以更低的成本打造一个不限空间的流量池，在此基础上实现商业化变现，这是直播的魅力所在。对于超市来说，相比于销量，做直播的目的更应该放在流量平台的搭建上。

相关链接

商场（超市）如何实力避"坑"，真"带货"

在这场"直播时速赛"中，各大商场（超市）所持态度并不一致，有行动派的早早就启动了全渠道销售，做起了直播；有观望派的还在等待市场反馈，谨慎出手；有保守派的顾虑较多，认为直播无法产生明显效果，敬而远之。

可无论做还是不做，直播已然是真实的存在，且十分具有话题热度性。因此，我们需要做的是，找到好的直播渠道和方法，避免"自嗨"。

1. 选择好平台，掌控玩法

直播的关键是选择平台、掌握平台的玩法。抖音、淘宝、快手等都是大流量平台，优势明显，机会也会更大。这些大流量平台，直接扶持优质内容，定向推送给受众，比较容易帮助商场（超市）实现"从0到1"的冷启动。

商场（超市）直播卖货，获客最为关键。比如抖音直播，在开播前可以先发一些有创新、爆点的内容，挤上热搜，有效截取平台流量，或许是更有效的方法。

比如，某商场在抖音平台上的账号从2019年就已经建立运营，截至2020年已经积累了近13万的粉丝，在2020年与华为合作中，提前两天就通过公众号、抖音号、华为社群及华为门店公众号等进行活动前的预热。

2. CEO变主播，身价最高"带货网红"

林清轩创始人孙来春2小时带货40万元的影响力，近期已经是业内津津乐道的话题，他也成为竞相模仿的对象。

银泰商业CEO陈晓东的那场直播，观看人数就达到22万，银泰直播间也一路冲上了排行榜第一。

CEO变身主播，虽然他们对直播的规则和技巧的掌握可能不够精准，但老板直播本身的吸引力和噱头就很足，是比较容易引起市场关注的。更重要的是，老板亲自上阵，体现的是企业的上下一心，一定程度上能有效提升品牌美誉度。因此，短期来看，CEO上阵做主播，能增强品牌的曝光度，获得一些效果。

3. 强化培训，协同作战

CEO直播毕竟不是长久之计，商场直播工作中，导购还是主力军。这些"柜哥""柜姐"虽然对产品了如指掌，但直播技巧、与消费者的互动等不够成熟。因此，商场要想做好直播，长期开展直播这项事业，加强对导购直播的专业培训是至关重要的。

银泰在直播过程中，就给导购准备好了标准的开场白、话术和互动话题设计等，2019年"双十一"，淘宝主播就空降银泰门店带领导购成功出圈。友阿股份在2019年就启动了"全员直播"，已经有了长时间的直播锻炼，正如其董事长胡子敬提出的"每一个专柜都成为一个直播间，每一个员工都是主播"。

与此同时，商场直播背后依托的是一整个团队，直播间设计、预告、产品和价格、互动话题等都是环环相扣的环节。因此，团队的整体协作也很重要。银泰这方面也很有话语权，直播经纪人、数字化人员、客服组成的经纪团队，迅速实现银泰"云柜姐"模式的快速推广。

除了内部培养，外部人才吸纳也应并举。银泰百货就面向社会广发直播"英雄帖"，寻找下一个"武林播主"，引导各路"英雄"一起投身直播事业。面向社会，寻找外部资源，也不失为明智之举。

归根结底，商场（超市）要做好直播，还是要在系统完备的基础上培养出专业的运营团队，而且是数字化运营团队。

4. 打通会员渠道障碍，数字化战略推进

商场（超市）始终以线下为主，会员基数相对庞大，随着线上直播开展，既有各大平台渠道，又有微信小程序渠道，如何将所有渠道的会员数据打通，实现统一管理，是很大的课题。

直播要想长期做下去，一定要打通数据系统，实现各平台用户资源的互通。银泰之所以能迅速启动直播项目，除了拥有已经搭建好的基础设施外，更主要是具备了数字化的门店仓，其大数据处理能力比肩天猫超市，打印发货单、拣货、验货、发货一系列流程下来仅需10秒。

数字化不只是把商品信息、顾客信息变成一串串数字信息，而是要在数字化的基础上开展数字化运营，商场的导购员、管理人员利用数字化的工具，与顾客开展有温度的互动，让顾客能够在线体验到线下购物的服务，这样才能够真正把顾客留在自己的身边。因此，数字化不是根本，数字化运营才是未来商场（超市）的努力方向。

另外，利用抖音、腾讯等直播平台，可以有效地实现品牌、商场、顾客三方紧密结合互动，这也是未来购物中心数字化升级重要的一环。

第 7 章
网红营销

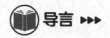 导言 ▶▶▶

作为一个快速崛起的新生事物，网红经济正以令人瞠目结舌的速度发展。随着更多著名企业家、当红明星、知名专家等的加入，在当前"互联网+"迅猛发展的大时代背景下，网红经济还将会被挖掘和发挥出更加丰富的社会内涵和商业应用价值。

7.1 什么是网红营销

"网红"即"网络红人",指被网民追捧而走红的人。他们往往是各类垂直领域的意见领袖或者行业达人,以自己的品位、知识和眼光为主导,通过社交媒体聚集人气形成一定量的社交资产,再依托粉丝群体定向营销,将粉丝关注转化为购买力。"网红"走红的原因很复杂,或因出众的才貌,或因搞怪的行为,或因意外事件,或因网络推手的运作,等等。

由此可见,网红营销是商家利用互联网平台和社交媒体寻找的新营销路径。

相关链接

广州商超爱上"网红"

2016年6月25日下午,一大批网红主播出现在广州百信广场,一路对着手机,通过口播专属优惠券的方式,为商场店家招揽生意。

据了解得知,这是百信广场首度尝试用时下热门的"网红"来进行促销。除了跟现场消费者亲密互动外,他们还同时在优酷平台上直播,为当地粉丝发放来自商场各大店家的专属优惠券。最终效果也十分不错,百信广场当日交易额同比接近翻番。

更进一步了解得知,该活动由支付宝口碑平台策划并在全国同期开展,当天共投入两万多名网红同时在线营销,当日交易笔数亦突破1121万,该平台也成为O2O行业首个日交易笔数过千万的平台。

为这些网红直播提供优惠券的店家对此乐见其成。据支付宝相关人士透露,2016年5月的"520告白日",支付宝口碑曾在广州举办过一次小规模网红营销活动,把主播引进餐厅。有参与过上次活动的烤鱼店称,当时只是抱着观望的心态,为直播提供600张限定在10天内使用的优惠券,不想一个星期下来核销近五成,带来超过7万元的生意。

支付宝口碑负责人认为,这正是网红的魅力所在。网红除了可以用独特的内容形式营造良好的消费氛围之外,还可以凭借个人形象魅力,以及在生活方式层面上的引领效应,在与粉丝展开的即时互动中,实现对商户的导流,快速提高转化率。

据其透露,在未来,支付宝口碑还将进一步为线下探索更多更高效的网红营销方式。譬如，联合网红通过社交渠道发放专属优惠券，一旦核销，形成了到店转化，该网红即可从核销交易中抽取由平台提供的一定比例的佣金，等等。

7.2 网红营销的优势

网红在社交媒体上与粉丝互动并形成亲密关系，打造自身影响力的同时塑造并传播自有品牌，并最终在电商平台将粉丝关注转化成购买力，整个过程的核心环节都是利用社交媒体和电商平台完成。

作为"互联网+"时代下一种新兴的商业模式，网红营销有着自己独特的优势，具体如图7-1所示。

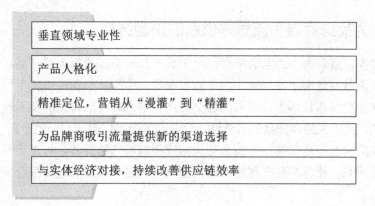

图7-1 网红营销的优势

7.2.1 垂直领域专业性

网红一般是在某些细分领域具有一定专业行动力的"素人"，他们通过互联网传播自己的产品知识和生活方式，在特定领域成为具有一定影响力的人。

7.2.2 产品人格化

网红和粉丝之间，通过口碑传播、互动、评论分享等形式逐渐确定一种信任和亲密的关系。网红以自身作保证，将自己的个性融入产品中，使产品更具人格

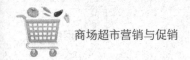

化，也更容易被粉丝接受。

网红向其受众传播的不仅仅有产品，更有自己个性化的生活方式、价值理念、消费习惯。粉丝在购买产品的时候，购买的是他们所信赖的网红所创造的生活样本和人格模式。

7.2.3 精准定位，营销从"漫灌"到"精灌"

传统的品牌商在定位和寻找顾客的时候，经常受困于如何在海量的用户数据库中寻找到自己的客户群体，并将产品信息精准地传递给顾客，因而不得不用一种"漫灌"的方式，将信息以撒网的形式传递给所有受众。

但是对于网红营销来说，关注网红的粉丝往往是对特定领域有了解、需求或感兴趣的受众，当网红推介产品时，这些受众天然地成为产品的潜在客户。而且因为网红与粉丝在长期大量的互动过程中建立的信任关系，使得粉丝对网红推介的产品更敏感，也更容易接受。因此，网红营销往往能够更精准地将产品导向粉丝需求，实现"精灌"营销，极大地提高消费转化率。

7.2.4 为品牌商吸引流量提供新的渠道选择

以淘宝、京东为主的电商平台，由于其产品种类、覆盖人群日益扩大，利用平台导流的效益逐渐下降，对于线下商家来说，亟须寻找新的引流手段。网红利用自身在社交媒体长期运营积累的社交资产，结合其精准营销的买手制意见领袖导购方式，会大大提高传播的有效性，这是品牌商推广宣传产品的全新方式。

网红的粉丝都是在某一方面具有相同或类似特征的群体，再加上长期互动形成的信任关系，使得产品在传播的时候更精准，转化率更高，传播会取得事半功倍的作用。

比如，在某直播平台上，主播在直播间隙喝了一瓶"小茗同学"，弹幕中就有粉丝提问主播喝的是哪种饮料，进而引起粉丝间互动。而实时在线人数显示超过 60 万，这样的传播效率远远超过做几场线下的大型活动，或者一次电商平台页面的推送广告。更何况该主播受众主要是年轻的学生群体，天然匹配"小茗同学"的客户群定位。

7.2.5 与实体经济对接，持续改善供应链效率

网红要持续吸引粉丝关注，就必须讲究产品的时效性和独特性，因而其对产业链的供应环节的要求较高，供应商必须能够做到随时生产、随时发货。品牌商要接入到网红经济链中，就必须持续改善自己的供应链体系，在网红效益具备一

定规模后还能够保有快速响应消费需求和提供高品质服务的能力。

网红与实体经济对接的另一种形式是，品牌以更加开放的姿态主动地介入产品传播中，甚至制造者本身成为品牌传播的主角并为产品背书，从而使产品更具人格化。

最有代表性的莫过于格力的董事长董明珠，作为另一种意义上的网红，董明珠自己代言格力品牌，将人的个性注入品牌个性中，使品牌更具人格化，这也为用户购买提供了新的理由。与此类似的还有李东生代言 TCL，方洪波代言美的。

7.3 网红营销的价值

网红作为内容的一种形态，接下来会被更多人所接受，特别是在互联网领域，网红甚至可能成为一种主流的内容形态。网红在营销中，具有图 7-2 所示的价值。

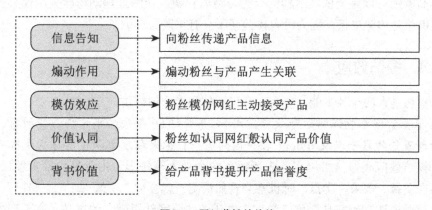

图 7-2　网红营销的价值

7.3.1 信息告知

这是很多明星甚至都不具备的价值，网红的粉丝大多在互联网，且跟网红之间是追随（follow）关系，所以网红能对自己的粉丝，起到信息告知作用。

或者说，网红有个天然的信息传播渠道（如微博、美拍等），而部分明星可能没有这样的渠道，所以信息告知对他们而言，可能是个问题。而网红自身具备粉丝和受众，这本身就是一种传播渠道。

商家可以通过网红，结合网红自身的内容、渠道，将产品信息植入进去，让更多的人知道商家的卖点，甚至产生需要的某种行动。

在做这种诉求的时候，商家需要结合自身的受众来选择网红，衡量的标准是单次内容有效覆盖人群，以及单个用户的（视频内容）展示成本。

7.3.2 煽动作用

平时有用直播软件的朋友，可能会注意，主播们经常会号召粉丝去参与某个行为。

比如，主播号召粉丝下载某个游戏，然后练级、做任务等。实际上，游戏厂商和主播私下有按下载分成的合作。至于用户，当练到主播需要的等级时，可能就真的爱上了这个游戏，选择为其持续付费。

这足以验证主播们的煽动价值，其背后又是一种社会现象，《乌合之众》中提到，当一个人进入群体后就会丧失个人标识。

而主播（网红）们扮演的角色就是群体的领袖，他们可以根据自身需要给群体成员下达指令，其中会有相当大的一部分成员会执行指令。

商家则可以完全依照这样的行为习惯做营销，让网红煽动粉丝去用商家的产品，哪怕是体验也行，因为没有体验就不会有重购与忠诚。

7.3.3 模仿效应

模仿是人的一种本能，分为有意识模仿和无意识模仿。

很多案例都能证明这种效应，比如20世纪80年代的喇叭裤与花衬衣，又或者新百伦的鞋子以及iPhone在中国的流行，很大程度都和模仿与从众有关。

模仿效应类似《引爆点》中所提到的个别人物法则。由意见领袖带领使用，产品在质量、需求、卖点、时机都契合的情况下就会被"引爆"。

换种说法，商家是否可以尝试，先让一部分网红用商家的产品，在无形中展示商家的产品，大量创造这样的"引爆"机会。

这样的做法是为了让网红的粉丝在无意识模仿网红时，无意识地使用商家的产品，淡化广告概念，让产品的流行变得可控与科学。

7.3.4 价值认同

网红的核心是内容，内容的本质是价值。和品牌输出品牌价值一样，网红也会输出自己的价值。

比如，早期的网红罗永浩老师，其输出的就是一种向上、奋斗、执着的精神。锤子手机的受众里，很多是冲着这样的精神为其手机买单的。而向上、奋斗、执着的精神就像是一种符号,这样的符号实际上是符合很多品牌的。

更直观的是,同类价值受众的情感迁移。消费者喜欢一个网红,认同他的价值,可能喜欢与他具备同样价值的品牌和产品。相反,消费者喜欢一个品牌或产品,也有可能喜欢某个价值一致的网红。

所以调性很重要,网红适合不适合商家的品牌,商家的品牌是否要更平民化一些,商家需要知道自己不同阶段的品牌诉求。

7.3.5 背书价值

网红与自身的粉丝,是建立在相互信任关系之下的,这点可以参照明星与粉丝的关系,或者说代言人的价值(明星、知名人士、专业人士等)。其实这些在传统广告中都已经尝试多年。

比如,以王自如为代表的手机达人,由于他们在大众心目中的专业形象,当他们推荐某个产品时,可以迅速降低信任成本。

换句话说,商家可以通过网红的背书,降低网红粉丝对商家品牌或产品的信任成本,这对销售转化是有很大帮助的。

相关链接

重庆商场试水网红营销赚眼球

重庆江北大融城,两名来自重庆的网红,通过口播优惠券,为商场店家招揽生意。当天,同样的场景也出现在八一广场、东原新新PARK等广场。

这是支付宝口碑联合优酷来疯直播平台,与重庆线下商家合作,多名网红主播在线同步直播、8名网红主播与粉丝现场互动。大融城方面称,这是该商场首度尝试大规模网红营销活动,效果不错,当日交易额同比接近翻倍。

网红因其粉丝众多,成为商家追逐的对象。此次重庆实体卖场试水网红营销,无疑是在借互联网博取眼球效应。虽然当天的销量确实不错,但是业内人士分析称,线下商家入驻O2O平台、推动用户手机付款,甚至引入网红直播来招揽生意,只是锦上添花之举,根本还在于将最优性价比的有形、无形商品和服务卖给消费者。

网红多红?直播开播就被刷屏

2016年6月26日,重庆阴雨不断。一大批网红主播出现在江北大融城、本地东原新新PARK、八一广场等地。

大融城方面介绍，网红不仅现身商场与消费者互动，通过口播优惠券吸引顾客，众多网红还同时在线营销。这些网红的出现吸引了大批消费者围观，网红直播一开播就被网友刷屏，网上直播的观众都超过万人。

效果如何？眼球效应带动营销

随着越来越多的网红成为商家的活招牌，网红直播也变得越来越商业化，而不可能只是闲聊。

网红直播就像春晚一样，先彩排，很多直播中说的话都是事先设计好的台词，当然，也少不了插播广告。此次活动是支付宝与商场的合作，请网红直播毕竟是个商业行为，除了热闹、好看，也要事先安排好围绕支付宝口碑平台和商家的话题，从而通过网红将这些植入内容传播给粉丝。比如在直播中，网红不管是唱歌还是讲话，都有讲究，要和购物搭边或者提升消费者购物热情。

热闹是热闹，网红直播究竟会带来多大效果？"通过话题营销，让大家围观，效果就算达到了。"大融城大厦相关负责人表示，虽然眼球效应大过对实际销售的带动作用，但是当天大融城销量同比也接近翻倍。

建议：引领粉丝消费，网红精准导客流

既然商家认为网红直播的眼球效应大于实际销售带动，为何众多商家仍乐此不疲地打网红的招牌？

"网红不止于娱乐，对商业的推动也极具想象空间。在网红经济的新时代，商家通过与直播、网红的深度融合，不仅能吸引到高忠诚度的粉丝用户，也能通过社交化直播的方式，将品牌商的影响力扩散出去。"中国电子商务研究中心分析师莫岱青认为，随着近几年"网红+直播"快速发展，网红爆火带来了一定的商业机会，"直播+网红+商业"成了网红经济衍生的一种新模式，网红模式有望引导一种新的年轻人的生活消费方式。

7.4 网红营销策略

网红经济已成为当下一种现象，在中国企业寻求品牌化的大潮中，这些各自拥有数十万到数千万粉丝的网红背后有着很深的价值可挖，只要掌握好方法，盘活网红背后的营销红利，企业就能够利用网红为自己赚钱，助力自己从竞争中脱颖而出。

对于企业来说，要借助网红来做营销推广，可按图7-3所示的策略进行。

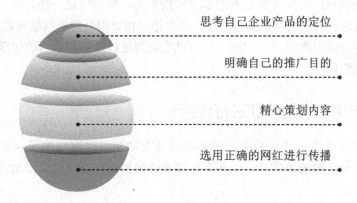

图7-3 网红营销的策略

7.4.1 思考自己企业产品的定位

并非所有企业都适合去用网红来做营销推广。网红的定位、所依附的平台以及走红的原因等都是企业借助网红做营销推广的时候一定要考虑的。所以说，如果企业定位本身就跟网红这一人群有非常大的偏差，那就没必要跟风借助网红做营销。

什么样的企业适合借助网红来营销呢？

比如，像一些快消、服装、食品、图书、电商以及互联网 App 相关产品，就比较适合网红营销模式。因为这些产品的受众人群比较广泛，是大家日常生活所需的。

企业在借助网红做营销推广的时候，一定要保证产品的轻决策（快速决定购买），其实大部分用户进来是为了看内容。

7.4.2 明确自己的推广目的

在你确定自己的企业或是产品适合借助网红做营销后，下一步要明确自己推广的目的是为了塑造品牌，还是销售产品。不一样的目的，选择的网红类型也不一样。

如果网红去做一些品牌宣传，粉丝会参与互动，这种信息传递其实是粉丝可以接受的，在这个过程中可以逐渐积累品牌的影响力。但如果是做产品销售，这个中间转化过程以及转化的步骤还没有形成一个完整的闭环，效果上也难检测，投入产出不好计算。

7.4.3 精心策划内容

企业在做推广之前,要把内容以及传播形式,想得细致一些。除了优质的内容,还需要选择一个优质的媒介,即一个合适、优质和品牌的气质相搭的网红。

如果企业没有内容策划的能力,可以交给网红以及网红背后的团队根据粉丝的属性来策划内容。

7.4.4 选用正确的网红进行传播

选择网红考虑的点比较多,例如网红自身的特点、网红的受众和平台的属性,这些都是需要考虑的点。一些有负面或是消极影响的网红就不太适合来做品牌的推广活动。

网红的特点要和品牌的气质保持一致,如果做不好,易造成反面的效果。

网红的粉丝受众直接决定着企业这一次营销推广是否精确。因为每一个网红的特点都不一样,例如,斗鱼平台的游戏主播的粉丝受众大部分都是男性用户群,可能比较适合去推广一些数码产品、汽车等男性偏爱的产品,如果去推广美妆,那肯定就不太合适。

不同的平台,用户也是不同的。美拍属于女性用户比较多的平台,斗鱼、映客还有YY这种直播平台,男性用户比较多一点。

企业要去选择一个网红的时候,需要综合考虑以上各个因素,然后才可以最终决定要选什么样的网红,怎样做营销传播。简单总结就是,选对—用对—用好,这样三步走的方式。

网红电商时代,零售业该如何选择

如今的网红营销已成燎原之势……

在2016年4月21日,丽人丽妆以2200万元作为"标王身份"拍下papi酱的首条贴片广告之后,许多人还在猜测该标王到底值不值当,丽人丽妆已经携"papi酱标王"之光环,受到了广泛关注。

从百度指数来看:丽人丽妆在2016年4月21日前的搜索指数一直在200~300徘徊,而4月21日当天,搜索指数飙升至14520,极速上涨了近60倍,甚至超过了同期"papi"的搜索指数。而中标一周之后,丽人丽妆的搜索指数依然维持在 1000 左右，相比之前依然高了好几倍。

从 360 好搜来看：4 月 21 日丽人丽妆的搜索指数比往日上涨了 300 多倍。

除搜索网站的搜索指数暴涨外，其官网在短时间内也迎来大量访问。据说，4 月 21 日下午，丽人丽妆宣布中标之后，其官网一度因访问人数过多而宕机。

Alexa 网站排名查询显示，中标后，丽人丽妆的一周平均排名上升了 211744 位，一个月内平均排名上升 1081435 位，三个月内平均排名上升 3382379 位，上升速度惊人。

对此，作为商家，该如何拥抱网红经济？

首先，品牌自身定位和标识要清晰。

如 ONEMIX（玩觅），其创始人郭大大本身就具备独特的性格特征，他给玩觅规划、设计的产品、包装、传播、公关活动，本身也拥有很清晰的一致性形象与品牌定位。

其次，选择网红进行代言或其他合作时，要选择与企业自身品牌、目标客群及市场一致的。

再次，品牌性格、精神、形象不一致，但活动可以一致。

比如，虽然你我性格不同，不是同一类人，但我们都对某些活动感兴趣，如体育赛事、公益慈善活动等，在品牌定位不一致的情况下，可以选择一些普世性比较强的活动形成联动。

最后，如果实在找不到合适的网红进行合作，那就设法把公司老板或指定专人打造成网红吧！这个人需要对公司的品牌定位和精神有着清晰的认识，而且最好他的性格、形象、气质、行为能与品牌高度一致，比如于东来代言胖东来、王填代言步步高、厉玲曾经代言银泰等。

这个人必须有自己的独特观点，能代表品牌和企业的性格特征。他要有自己的态度，可以对各类事件进行评论，前提是他必须前后性格一致，符合普世价值观。

第 8 章
大数据营销

 导言

在大数据时代下，人们在网络上留下的脚印越来越多。这不仅伴随着一连串的信息数据流化和营销反思，而且还造就了以数据为核心的营销闭环，即"消费—数据—营销—效果—消费"，现如今，以数据为导向的精准化营销开始逐步替代传统的营销方式。

8.1 大数据营销的概念

大数据指的是所涉及的资料量规模巨大到无法通过目前主流软件工具,在合理时间内达到撷取、管理、处理,并整理成为帮助企业经营决策更具积极意义的资讯。

从各种各样类型的数据中,快速获得有价值信息的能力,就是大数据技术。

大数据营销是指通过互联网采集大量的行为数据,首先帮助广告主找出目标受众,以此对广告投放的内容、时间、形式等进行预判与调配,并最终完成广告投放的营销过程。

8.2 大数据营销的作用

大数据营销的本质是影响目标客户采购前的心理路径,它的作用主要体现在图8-1所示的四个方面。

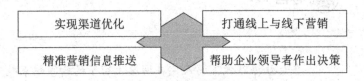

图8-1 大数据营销的作用

8.2.1 实现渠道优化

企业可以根据用户的互联网浏览痕迹进行渠道营销效果优化,即根据互联网上用户的行为轨迹来找出哪个营销渠道的顾客来源最多、哪种用户的实际购买量最多、是否是目标用户等,从而调整企业的营销资源在各个渠道的投放。

比如,东风日产利用对顾客来源的追踪,来改进营销资源在各个网络渠道如门户网站、搜索引擎和微博的投放。

8.2.2 精准营销信息推送

相比传统狂轰滥炸或等客上门的营销,大数据营销无论在主动性还是在精准性方面,都有非常大的优势。精准是建立在对海量消费者的行为分析基础之上的。消费者的网络浏览、搜索行为被网络留下,线下的购买和查看等行为可以被门店的POS机和视频监控记录，再加上他们在购买和注册过程中留下的身份信息……在商家面前，正逐渐呈现出消费者信息的海洋。不少企业通过收集海量的消费者信息，然后利用大数据建模技术，按消费者属性（如所在地区、性别）和兴趣、购买行为等维度，挖掘目标消费者，然后进行分类，再根据这些，对个体消费者进行营销信息推送。

比如，孕妇装品牌"十月妈咪"通过对自己微博上粉丝评论的大数据分析，找出评论中有"喜爱"相关关键词的粉丝，然后打上标签，对其进行营销信息推送。

8.2.3 打通线上线下营销

一些企业，通过鼓励线下顾客使用微信和无线网络（Wi-Fi）等可追踪消费者行为和喜好的设备，来打通线上与线下的数据流。

比如，银泰百货铺设Wi-Fi，鼓励顾客在商场内免费使用，然后根据Wi-Fi账号，找出这个顾客，再通过与其他大数据挖掘公司合作，以大数据的手段，发掘这个顾客在互联网的历史痕迹，来了解顾客的需求类型。

8.2.4 帮助企业领导者作出决策

在大数据时代，零售企业面对众多新的数据源和海量数据，能否基于对这些数据的分析进行决策，进而将其变成一项企业竞争优势的来源，这是对企业高层的挑战。

同传统营销相比，运用大数据决策难度最大，因为它需要一种依赖数据的思维习惯。目前，已有少数企业开始尝试。国内一些金融机构在推出一个金融产品时，会广泛分析该金融产品的应用情况和效果、目标顾客群数据、各种交易数据和定价数据等，然后决定是否推出某个金融产品。

比如，阿里巴巴汇集了海量中小企业的日常资金与货品往来，通过对这些往来数据的汇总与分析，阿里巴巴能发现单个企业的资金流与收入情况，分析其信用，找出异常情况与可能发生的欺诈行为，决定能否放贷和贷款金额，以控制信贷风险。

8.3 大数据营销的环节

商场（超市）是卖商品的，商品是人购买的，如何将商品数据和顾客数据有效对接，这就是大数据营销最核心的商用价值。因此，要做好大数据营销，需把握好图8-2所示的环节。

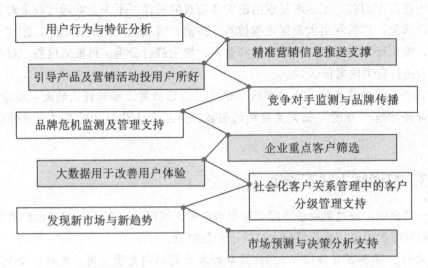

图8-2 大数据营销的环节

8.3.1 用户行为与特征分析

只有积累足够的用户数据，才能分析出用户的喜好与购买习惯，甚至做到"比用户更了解用户自己"。这一点，才是许多大数据营销的前提与出发点。

8.3.2 精准营销信息推送支撑

精准营销总在被提及，但是真正做到的少之又少，反而是垃圾信息泛滥。究其原因，主要就是过去名义上的精准营销并不怎么精准，因为其缺少用户特征数据支撑及详细准确的分析。

8.3.3 引导产品及营销活动投用户所好

如果能在产品生产之前了解潜在用户的主要特征，以及他们对产品的期待，那么产品生产即可投其所好。

8.3.4 竞争对手监测与品牌传播

竞争对手在干什么是许多企业想了解的，即使对方不会告诉你，但你却可以通过大数据监测分析得知。品牌传播的有效性亦可通过大数据分析找准方向。

比如，利用大数据可以进行传播趋势分析、内容特征分析、互动用户分析、正负情绪分类、口碑品类分析、产品属性分类等，可以通过监测掌握竞争对手传播态势，并可以参考行业标杆用户策划，根据用户策划内容，甚至可以评估微博矩阵运营效果。

8.3.5 品牌危机监测及管理支持

新媒体时代，品牌危机使许多企业谈虎色变，然而大数据可以让企业提前有所洞悉。在危机爆发过程中，最需要的是跟踪危机传播趋势，识别重要参与人员，方便快速应对。大数据可以采集负面内容，及时启动危机跟踪和报警，按照人群社会属性分析，聚类事件过程中的观点，识别关键人物及传播路径，进而可以保护企业、产品的声誉，抓住源头和关键节点，快速有效地处理危机。

8.3.6 企业重点客户筛选

许多企业家纠结的事是：在企业的用户、好友与粉丝中，哪些是最有价值的用户？有了大数据，或许这一切都可以更加有事实支撑。从用户访问本企业网站的数据可判断其对企业及产品的关心程度；从用户在社会化媒体上所发布的各类内容及与他人互动的内容中，可以找出千丝万缕的信息，通过分析，就可以帮助企业筛选重点的目标用户。

8.3.7 大数据用于改善用户体验

要改善用户体验，关键在于真正了解用户及他们所使用产品的状况，做及时的改进。

8.3.8 社会化客户关系管理中的客户分级管理支持

面对日新月异的新媒体，许多企业通过对粉丝的公开内容和互动记录进行分析，将粉丝转化为潜在用户，激活社会化资产价值，并对潜在用户进行多个维度的画像。大数据可以分析活跃粉丝的互动内容，关联潜在用户与会员数据，关联潜在用户与客服数据，筛选目标群体做精准营销，进而可以使传统客户关系管理结合社会化数据，丰富用户不同维度的标签，并可动态更新消费者生命周期数据，保持信息新鲜有效。

8.3.9 发现新市场与新趋势

大数据的分析与预测，在为企业家提供洞察新市场与把握经济走向方面都是极大的支持。

8.3.10 市场预测与决策分析支持

对于数据对市场预测及决策分析的支持，过去早就在数据分析与数据挖掘盛行的年代被提出过。沃尔玛著名的"啤酒与尿布"案例即是那时的杰作。只是大数据时代，商品规模大、类型多，对数据分析与数据挖掘提出了新要求。更全面、更迅速、更及时的大数据，必然会对市场预测及决策分析提供更好的支撑；似是而非或错误的、过时的数据很可能误导决策者。

8.4 大数据精准营销的策略

"无数据，不管理。"如今，利用数据进行精细化运营管理是商场（超市）的长久生存之道。未来商业竞争，业态容易照搬、商家品牌可以分享、推广活动没有太大难度，真正学不来的是数据的处理、分析和挖掘。如何利用大数据做好精准营销呢？具体策略如图8-3所示。

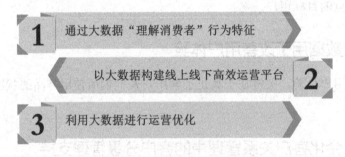

图8-3　大数据精准营销的策略

8.4.1 通过大数据"理解消费者"行为特征

（1）供需精准化。大数据第一个价值在于均衡供给和需求，商场（超市）根据客流数量和历史数据告知各商家下个时段预计顾客数，顾客通过App接收精准推荐的优惠券，从而引导顾客流量，均衡供需。

实现顾客标签管理的同时，把商家部分商品、套餐、服务数据化处理并且标签化，以便与目标顾客更精准地匹配。精准个性推荐的基础是用户标签，如图8-4所示。

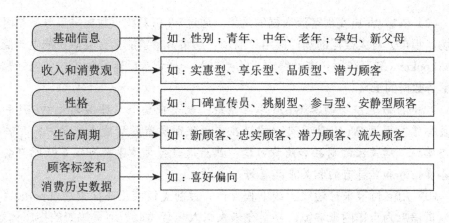

图8-4 用户标签

(2) 提升消费者体验。商家应通过大数据的收集,根据用户标签,实时精准地把优惠推送给最有需求的人。

比如,如果电影院某些场次观众很少,商场(超市)可向附近有需要的会员发送免费电影票,用最小成本让顾客感受到意外体验。

(3) 让服务升级。商场(超市)也可通过大数据的应用,让服务升级。

比如,大悦城的会员从一开始办卡到使用,根据会员每月的消费额不同、购买商品差异,通过大数据可以分析出会员的行为习惯,大悦城便可以在某一时间推送给会员与其匹配的优惠券、O2O活动或艺术沙龙等精准信息,从而实现大数据背后的精准化营销。

大悦城将会员分为21个层级,为每一个层级推送完全不同但与之相应的信息,通过"综合云数据中心"为客户提供精准的个性化营销,管理层也能及时掌握每家商户的销售业绩以及市场状况。

大悦城通过提供免费的Wi-Fi服务,将微信、微博、App连接成一个整体等,提高消费者的店内购物体验和购买转换率,让购物中心的全渠道零售管理逐渐从梦想成为可能。

8.4.2 以大数据构建线上线下高效运营平台

(1) 利用数字科技,使用监控获取和分析线下客流信息。行业内众多的百货、购物中心、超市乃至专卖店都在使用客流监控系统,可以根据投资级别得到相应级别的数据。

比如:对商场的进出口进行监控,可以分析出各时段出入商场的人数;在动线或动线转折点,可以监控动线的客流引导效果;对收款台进行监控,可以统计不同时段收款台的平均的排队长度。

（2）依靠 Wi-Fi 实现客流数据的采集。通过 Wi-Fi 对线下数据采集分析是时下商场（超市）对大数据的热门应用，商场（超市）希望能拥有类似在线电子商务网站 cookie（储存在用户本地终端上的数据）一样记录顾客行为模式、偏好和转化率等数据的工具。

比如，万达广场顾客 Wi-Fi 跟踪系统，就是在整个广场搭建大 Wi-Fi 和大会员体系，通过 Wi-Fi 体系可以捕捉在广场里面所有的智能手机用户，用户的行迹路线、所关注的商品和消费习惯，然后通过会员体系就可以掌握所有会员的各类信息和其特有的相关产品喜好。

（3）用支付宝来打通线上线下和支付。目前支付宝正在探索通过 portal（门户）页信息为合作商家导流，甚至在未来引入一套类似于阿里妈妈的推广体系。在支付宝的构想中，为某商户实体店铺设 Wi-Fi 的同时，可以通过 portal 页将用户导入该品牌的天猫店、支付宝服务窗、手机 App、微信公众账号。

一旦导流系统完成，支付宝就可以通过 portal 页将实体店、天猫店、手机 App、支付宝企业账号和微博等互联网产品进行整合营销。与目前行业中普遍应用的简单 CPS（按销售额付费）广告相比，前者的针对性更强，转化率更高。

8.4.3　利用大数据进行运营优化

（1）优化会员生命周期管理。商场（超市）运营策略立足于"经营客流"，单个消费者的单日消费轨迹追踪，利用价值并不高，而影响最大的是会员生命周期。通过对会员总体的生命周期管理，可以准确发现会员维护节点期、平台期、高价值消费期和预计的流失期——只有把握其中规律，才有助于指导日常商业运营的会员管理。

比如，上海某商场通过客户偏好分析，把忠诚会员可能感兴趣的品牌作为积分兑换目标，并将活动信息发给 12 万会员中的 1824 人，最后实际产生兑换的人数为 128 人，参与率为 7%——同行业同类促销活动的参与率仅为 1%。

（2）精准获取消费者购物喜好。累积不同用户对品牌和折扣喜爱程度的数据，依托成熟门店的相关数据，再根据新开门店所在城市的用户分析，可以导出新开门店组货和招商的指导意见。

比如，银泰城在百货门店和购物中心利用银泰网，打通了线下实体店和线上的 VIP 账号。当一位已注册账号的客人进入实体店，他的手机连接上 Wi-Fi，后台就能认出来，他过往与银泰的所有互动记录、喜好便会一一在后台呈现。对实体店顾客的电子小票、行走路线、停留区域，可以分析其购物行为、购物频率和品类搭配习惯，从而判断消费者的购物喜好。

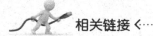 相关链接

乐购超市玩转大数据营销

各地常见的连锁超市,大多数超市会员卡只有积分、打折的简单功能,而乐购却利用"大数据"对消费者每次采购的总量、偏爱哪类产品、产品使用频率等消费行为进行记录、分析。随着数据不断累积,乐购对消费者及其家庭的消费需求、习惯和偏好的掌握也在不断对焦中变得精准。

乐购信奉一种理念,即你买什么你就是什么样的人。如果一个男性会员在过去十几周常常采购火腿、方便面和啤酒,他极有可能还是单身;如果女士的购物篮中接连出现奶粉、尿布,她应该是一个年轻的母亲;如果一个会员在超市打折时批量采购5升装的可乐、大瓶酱油和食用油,他八成是附近小店的老板;如果一个家庭主妇多次采购中既有老年人的保健品,又有孩子的玩具,她似乎有一个三代同堂的大家庭……这看上去似乎很简单,但如果没有大数据对每个消费者每次信息的收集、统计和分析,仅凭一次购物是无法判断的。

大数据能让乐购了解每一个顾客的消费需求。在加入会员12周后,会员开始不定期收到乐购针对个人定制的优惠券。在企业数据库中,会员会按照多种标准被划分到不同组群。有的按照忠诚度划分,可分为忠诚型、机会型;有的则按照消费能力,分为高、中、低三档;有的则是按照购物习惯分类,如数码达人、时尚辣妈、进口商品爱好者……

打开金矿的方法和路径

单个消费信息看似就像一粒金沙零散、无用,但海量数据聚集起来,就能形成一座硕大的金矿,关键是能否找到打开金矿的方法和路径。

"采集和分析消费数据能够透过消费行为识别顾客需求,划分类别能够摸清这一群组消费者的个性与共性,从而在日常消费中进行精准引导、营销。"乐购市场部总监如是说道。

孕妇就是在将消费者进行划分后,被乐购最为看重的一类会员。孕妇妊娠期需要防辐射装,生产后消费奶粉、尿布,婴儿成长期采购玩具、童装,怀孕生子的消费特征十分明晰,极易辨别确认。

从怀孕到儿童三岁前是家庭消费需求最旺盛的时期,有数据显示,每人每年平均消费开支可达4000元以上。这是任何一个超市都希望获得的客户群体。

根据乐购大数据分析结果,一小部分的顾客构成了利润的一大部分,这

符合二八法则。因此,应将这一小部分用户作为主要目标,而辨识目标客户的身份是赢得他(她)们的前提。

精准营销

大数据绝非许多人想象中那样,是锁在黑色服务器中充满运算法则的枯燥计算,它对现实商业社会有着不可估量的价值。

如果一个顾客被划分在高端消费人群,常常购买抹布,大数据就会向她推送高级厨纸;一到情人节,系统就会向单身男女寄出巧克力的优惠券;……

同时,乐购中国还尝试着针对细分人群深度营销,组建了十多个俱乐部,超市为"分类俱乐部"制作了不同版本的俱乐部杂志,刊登最吸引这些细分人群的促销信息和话题。

在零售业界有种说法,沃尔玛是个了不起的采购者,乐购是个了不起的销售者。全球最大的管理咨询和技术服务供应商埃森哲中国公司总监钱冰认为,乐购在全球零售业会员制最为成功,其秘诀就是通过大数据分析过往消费记录,预判每一名顾客的潜在需求,从而个性化营销。

当收到的优惠券含有大量所需商品时,顾客会认为超市"懂我",不是一味把不需要的商品推销出去,而是在用心提供私人定制化服务。或许某一种商品优惠幅度并不大,但多种所需商品同时优惠的诱惑,往往让人难以抗拒。这时,消费者上门消费,进而成为忠诚顾客的可能性就会大大增加。

如果大数据分析出周边地区顾客以高端消费人群为主,超市采购的商品就要更加注重品质,超市环境布局也要更加舒适;如果以普通消费人群为主,应该经常打折促销,缩短货架间距以加快顾客流动性。

乐购在对顾客精准营销的同时,也尝试着用大数据指导企业自身的经营管理。对于消费者,这种合理利用购物信息的方式并不会引起消费者的反感,消费者可以以最快捷的方式得到自己想要的优惠,不用再像过去,拿着超市的促销宣传海报,一个一个地筛选适合自己的商品,这种方式顺应了现在快节奏的生活。大数据对商业价值的发掘仅是冰山一角,随着大数据发展越来越完善,会有更多方便人们衣食住行的方式。

8.5 大数据营销的应用

在一个加速扩张的市场中,商场(超市)要维持竞争优势,就有必要寻求创新手段,主动利用新的大范围的数据,这一点正变得愈加重要。在数据的帮助下，商场（超市）可以深入理解顾客数据，进而获取宝贵的商业洞察。

8.5.1 零售业的顾客行为数据分析

提升客户转化率，以个性化的广告提振营收，预测并避免顾客流失，降低获取客户所需要的成本——要应对这类挑战，深层次的数据驱动型洞察至关重要。但如今，顾客通过多个交互点与企业互动，如移动设备、社交媒体、门店、电子商务网站等。因此，需要汇总与分析的数据的复杂性陡然上升，涉及的数据类型也骤然增加。

一旦这些数据得到汇总与分析，商场（超市）将收获前所未有的洞察。

比如，最有价值的顾客是哪些，促进他们消费更多商品的动力是什么，他们的行为模式是怎样的，与他们互动的最佳方式与时机是什么？

有了这些洞察，商场（超市）不仅能收获更多客户，还能提升客户忠诚度。

8.5.2 利用大数据，将店内体验个性化

过去，销售被视为一种艺术形式，人们认为，商品销售中，决策的具体影响是无法确切衡量的。而随着在线销售的增长，一种新的趋势开始显现：顾客会先去实体店对商品进行一番了解，继而回家网购。

行为追踪技术的出现，为分析店内行为以及衡量销售策略提供了新的途径。商场（超市）必须吃透这些数据，以优化销售策略；同时，通过忠诚度应用程序，对店内体验进行个性化定制，并及时采取行动，促使顾客完成购置——最终目标就是提升所有渠道的销售额。

通过分析POS机系统和店内传感器等数据来源，商场（超市）可以按图8-5所示的方法使店内体验个性化。

1. 就不同营销与销售策略对客户行为和销售产生的影响，进行相应的测试与量化

2. 依据顾客的购买和浏览记录，确定顾客的需求与兴趣，然后为顾客量身定制店内体验

3. 监测店内顾客习惯，并及时采取行动，促使顾客当场完成购物，或是之后上网购置，由此保住交易

图8-5 利用大数据将店内体验个性化的措施

8.5.3 通过预测型分析和定向宣传，提升顾客转化率

要在提升客户获取率的同时，降低成本，商场（超市）需要有效地进行定向促销。为此，商家需要全方位地了解顾客，并掌握尽可能准确的预期。

历来，顾客信息都仅限于交易发生时的地理数据。但如今，商场（超市）与顾客的互动行为多于交易行为，而这些互动发生在社交媒体等多种渠道上。考虑到这些趋势，对商场（超市）最有利的做法，就是将顾客在互动过程中生成的数据加以利用，将其转变为顾客信息与洞察的宝库。

将顾客在商场（超市）留下的购物记录、个人资料及其在社交媒体网站上的行为结合起来，通常能得到意料之外的洞察。

比如，一家超市的多名高价值顾客都"喜欢"在电视上观看美食频道，而且经常在××超市购物。这种情况下，商家就可以利用这些洞察，在烹饪相关的电视节目中、个人社交网站页面上，以及有机食品店内，投放有针对性的广告。

8.5.4 顾客历程数据分析

如今，顾客所掌握的便利条件超过了以往任何时候。基于可以获取的信息，顾客可以视便利与否，随时随地做出购买决定，或是直接购买。

与此同时，顾客的期望值也更高了。他们期待商场（超市）提供前后一致的信息，以及跨渠道的无缝体验，这些体验能反映出他们的购物记录、喜好和兴趣。客户体验的质量比以往任何时候都更能推动销售额与顾客保留率。这就需要从数据中获取洞察，助商场（超市）来理解每一位顾客的跨渠道历程。

借助大数据工程技术，商场（超市）得以将结构化与非结构化的数据结合起来，作为单一数据集加以分析，将不同的数据类型一网打尽。分析结果可以揭示出商家未曾预料到的全新的模式和洞察，甚至可以带来传统分析手段无法企及的结果。

比如：顾客历程的每一步究竟发生了什么？哪些是你的高价值顾客？他们的行为方式是怎样的？与他们互动的最佳方式与时机是什么？

8.5.5 运营分析与供应链分析

由于产品生命周期的加快以及运营的日益复杂，商场（超市）开始利用大数据分析来理解供应链和产品分销，以期缩减成本。优化资产利用、预算、绩效与服务质量的压力不可小觑，对此，很多商家都深有体会。因此，取得竞争优势、提升业务表现就显得格外关键。

使用数据工程平台来提升运营效率的关键，是利用它们去发现隐藏在日志、传感器和机器数据中的洞察。这些洞察包括有关趋势、模式和异常情况的信息，这些信息可以改进决策，改善运营，并大幅缩减成本。

服务器、工厂设备、顾客持有的设备、手机信号发射塔、电网基础设施，乃至产品日志——这些都是能产生有价值数据的资产。这些数据支离破碎（通常是非结构化的），其收集、准备和分析不是什么简单的任务。每隔几个月，数据量就有可能翻倍，而且数据本身也很复杂，通常存在几百种不同的半结构化与非结构化格式。

 相关链接

大数据在新零售中的应用

1. 利用大数据对新零售的数据基础进行分析

目前，大多数的零售企业还没有意识到数字化销售模式的重要性。在传统的销售模式下，有很多零售企业对销售信息数据的记录都是采用人工记录的形式。在这种模式下，数据的准确性得不到保障，不利于企业的长久发展。

近年来，随着物联网技术的不断发展，大数据逐渐受到人们的广泛关注。在新零售行业发展中融入物联网技术，利用射频识别技术（RFID）、全球定位技术（GPS）以及传感器技术等对产品的销售数据进行统计分析，使得在对产品进行销售的同时能够对销售的数据信息进行处理，进而提高数据记录的效率和准确性。

大数据在对产品的销售信息进行记录、统计时，还利用 SAPBW 和 Excel 等对产品的销售信息进行分析，使得企业能够更加了解消费者的需求，并对消费者进行智能分类，进而为企业营销策略的制定提供重要依据，有利于促进企业的稳定发展。

2. 利用大数据对新零售的数据进行挖掘

在新零售行业的发展中，会产生大量的客户数据，加强对这些数据的挖掘利用，能够帮助企业及时发现数据中的有用信息，进而促进新零售营销的高效进行。对于数据的挖掘可以从个性化标签体系和对客户的分类中进行。

个性化标签指的是企业根据现有的消费者数据为消费者制定的有针对性的标签。目前，企业的标签体系主要分为属性标签体系和行为标签体系。属性标签体系主要是指消费者的基础信息，其中包括消费者的姓名、性别、年龄、联系方式等情况;行为标签体系主要是对消费者的消费情况挖掘记录,比如,对消费者所购买的产品种类、购买的时间间隔等数据进行挖掘分析。

对客户的分类主要就是在客户基础标签的基础上,对客户的信息进行分类处理,进而形成一个完善的客户分类体系,使企业能够根据客户的实际情况对产品的销售模式进行调整,从而使产品能够满足大部分消费者的需求,促进产品销量的提高。

在新零售营销的过程中,企业通过SAPBW和Excel等以及分类挖掘、特征偏差分析等分析方法,构建消费者的个性化标签体系,进而实现对消费者的分类,促进产品销售模式的创新与改变,为企业带来更大的利益。

3. 利用大数据实现新零售产品的精准营销

大数据在新零售中的运用主要是通过对消费者的消费情况进行分析,并根据消费者的消费习惯进行分类,进而为企业产品营销策略的制定提供重要依据。大数据的运用还能够对消费者的消费习惯和消费需求进行分析,并根据消费者的实际情况为其提供有针对性的产品信息情况,进而使产品更加满足消费者的需求,进而促进产品的销售。大数据的应用在为企业带来更大经济效益的同时,提高了消费者对于产品的满意度,促进了产品的快速销售,为产品的精准营销奠定了基础。

利用大数据对消费者的消费情况进行分析,能够了解到消费者在不同时间段、不同季节等环境下的消费情况和消费习惯,并对其影响的因素进行分析,从而计算出不同日期内消费者发生消费的概率,使企业可以根据消费者的消费概率对产品的营销模式进行制定,进而实现产品的精准营销。比如,根据对消费者的消费情况分析得到,在夏季由于受到炎热的天气的影响,消费者的消费时间段一般集中在傍晚,在这种情况下,企业就可以在傍晚时间段加强对于产品信息的推送与宣传,使得更多的人对产品有所了解,进而促进产品销量的提升。

第9章
O2O营销

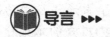 导言 ▶▶▶

商业模式的创新往往源于消费习惯的变化。转眼之间,移动互联网的出现,令PC端的电子商务,变成了"传统电子商务"。得益于移动互联网的发展成熟,商界多年一直得不到真正落地的O2O(Online to Offline,在线离线/线上到线下)模式,终于看到走向更光明未来的曙光。

9.1　O2O营销的概念

O2O，其概念源于美国，是指将线下的商务机会与互联网结合，让互联网成为线下交易的平台。O2O模式的核心很简单，就是把线上的消费者带到现实的商店中去——在线支付购买线下的商品和服务，再到线下去享受服务，如图9-1所示。

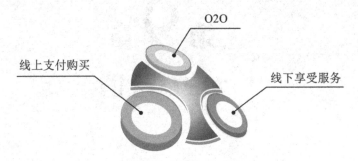

图9-1　O2O模式的核心

2013年O2O开始进入高速发展阶段，开始了本地化及移动设备的整合和完善，于是O2O商业模式应运而生，成为O2O模式的本地化分支，商场（超市）的O2O也随之高速发展起来。

O2O营销模式又称离线商务模式，是指线上营销线上购买带动线下经营和线下消费。O2O通过打折、提供信息、服务预订等方式，把线下商店的消息推送给互联网用户，从而将他们转换为自己的线下客户。

9.2　O2O营销的优势

O2O的优势在于能够完美打通线上线下，实现线上线下多场景互动，加上O2O成熟的操作运营模式丰富了具体的应用场景模式，让消费者在享受线上优惠价格的同时，又可享受线下贴身的服务。同时，O2O模式还可实现不同商家的联盟。具体来说，O2O营销模式具有图9-2所示的优势。

1　拉近与消费者之间的距离，加强影响力，促进消费

2　提高客户忠诚度，使消费者随身"携带"商场（超市），随时随地浏览，增加消费者购买机会

3 新品信息、促销信息第一时间推送到客户手中，精准营销，占领先机

4 方便集成地理位置系统，线上线下联动；可拓展多种支付接口，增加成交机会

5 可设置电子会员卡及 App 积分体系，对消费者吸引力更强；碎片时间购物，更方便，且没有运费，省心省力

6 消费者线上下单，线下门店集中配送，成本更低。同时支持门店自提和送货入户双重体验，且更安全

图9-2　O2O营销的优势

9.3　O2O引流的策略

商场（超市）要想利用O2O营销，可采取以下两种引流策略。

9.3.1　由线下发起的O2O引流

由线下发起的O2O引流，首要任务是将客户引至线上的官方网站/网店、移动App/移动网店或各类社交网站上的官方账号。由线下引流至线上，主要的手段通常有图9-3所示的几种。

1 线下广告刺激，其中可以同时提供网址或对应的二维码，供客户输入或拍照

2 线下口碑传播，驱动潜在客户自己上网通过搜索等方式找到相应的线上网店或社区

3 线下提供可以在线上使用的优惠券

4 通过在地铁车站或公交车站等公共空间设立虚拟超市，潜在客户通过上面的二维码进入相应的购买页面

5 通过提供支付型二维码，直接完成消费

图9-3　由线下引流至线上的主要手段

9.3.2 由线上发起的O2O引流

由线上发起的O2O引流，通常分为两类，具体如图9-4所示。

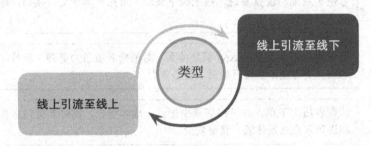

图9-4 由线上发起的O2O引流的分类

（1）线上引流至线上。如果是由线上引流至线上，则后者同样可能是官方网站/网店、移动App/移动网店或各类社交网站上的官方账号，而前者则可能来自其他的线上平台。其方法与上述从线下引流至线上接近，只是广告、网址、二维码及优惠券可以在线上直接提供，操作上更方便。

（2）线上引流至线下。如果是由线上引流至线下，则主要的手段通常有三类，具体如图9-5所示。

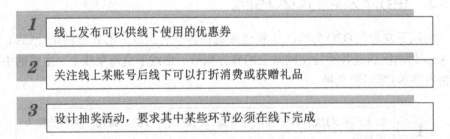

图9-5 线上引流至线下的主要手段

引流只是O2O的第一步，相应的网站或社区，必须不断优化服务流程，让被引来的潜在客户能够注册并真正消费。显然，简单、实用或实惠，加上前面提到的广告、口碑或优惠券，是吸引潜在客户注册并消费的动力所在。

9.4 O2O营销的渠道

现在O2O被称作全渠道，实际上是信息化与流通领域的深度融合。今后将很难出现没有信息化的实体经济，也不会有不与实体经济相结合的电子商务。

对于商场（超市）这类零售企业来说，应通过图9-6所示的措施，来推进O2O全渠道的融合。

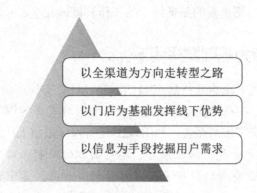

图9-6　推进O2O全渠道融合的措施

9.4.1　以全渠道为方向走转型之路

目前，包括苏宁云商、国美电器、宏图三胞、步步高、王府井百货、银泰百货、沃尔玛等在内的众多传统零售企业已经纷纷拥抱互联网，踏上了O2O全渠道的转型发展道路。

比如，提起王府井百货，很多人心中会给其打上古老和传统的标签，但在零售业裂变的过程中，王府井百货却走在时代前沿。

王府井百货从2014年初就决定，要全面进行第三次创业，围绕的核心是，如何打造互联网时代百货业的新型发展模式。

以此为背景，王府井百货集团确定了全渠道发展的转型升级之路。这一年，王府井百货在门店覆盖了Wi-Fi，给导购配备了iPad，还引入了微信、支付宝等新型支付方式，并且大力拓展微信、App、网上商城等新型购物渠道。

O2O全渠道融合，未来是一个思维观念的改变，会有几个发展趋势，主要如图9-7所示。

图9-7　O2O全渠道整合的趋势

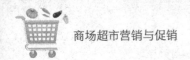

而利用大数据和移动互联网则能够帮助零售企业在O2O未来的道路上走得更快。O2O代表了线上线下两端，在真正实施O2O的过程中，其实线下还是占主流，所以企业拓展O2O更重要的是把线下的工作基础做扎实。

9.4.2 以门店为基础发挥线下优势

毋庸置疑，线下是企业拓展O2O的重要一环。实体门店是零售企业在零售业深耕多年的基础，在布局全渠道的过程中，这一环发挥的作用不容忽视。

（1）对于传统零售商而言，利用O2O还可以无限放大门店的有限空间。

比如，线下由于受到物理条件、场地面积的限制，商家很难将所有的商品都呈现出来，但消费者的选择又是多样性的。为此，苏宁就将门店的后台系统与线上进行了打通，这充分利用了线上无限展示、陈列商品的功能。消费者去苏宁门店，如果看到自己想买的某款产品没有展示销售，放在过去消费者会流失去其他家，但现在苏宁可以引导消费者直接在线上进行购买，然后由苏宁将商品送货上门，这相当于拓宽了苏宁门店产品的丰富度。

（2）除了卖商品外，企业更重视的是门店的服务功能，这是电商所欠缺的。

比如，有网购经验的人都知道，如果对商品不满意需要退货，就必须把商品寄回给商家，这很麻烦。而苏宁通过打通线上线下两个渠道后，能够做到一旦消费者对商品不满意，可以到附近的任何一家苏宁门店进行退货，这一举措提高了消费者对苏宁的好感，甚至能够将消费者不好的网购体验通过面对面服务将其转变为好的体验。

（3）除此之外，企业还可以发挥门店的配送优势。

比如，苏宁位于北京的每家门店都有类似库房的设置，消费者下单后，苏宁会选取离消费者最近的门店发货。通过这种极速达服务，消费者从下单到收到商品，甚至只要一个小时的时间。

9.4.3 以信息为手段挖掘用户需求

传统零售企业在会员管理、单品管理上的力度比较薄弱。而在全渠道背景下，以信息技术为手段，则能够改变零售企业在会员和单品管理上薄弱的现状，并以此为基础实现挖掘用户需求的目标。

比如，家乐福在全渠道背景下，线上和线下都有自身的发展空间，而创新和专业化则是所有业态生存和最终成功的关键。通过创新，目前家乐福已经将二维码技术应用到了加强食品安全上，特别是在农超对接的生鲜食品上，顾客到门店后，用手机扫一扫就能得知购买产品的源头信息。

此外，家乐福还在利用社交网络创新与消费者的沟通方式。每天会利用微博、微信去发布各种各样的话题，与超过 700 万的粉丝去做互动。

 相关链接

天虹商场打通渠道，实现购物线上线下一体化

所谓线上线下一体化是指传统零售商在发展实体店经营的基础上，借助移动互联网通过线上线下结合，延伸推广销售的经营模式，这也是目前百货零售业在 O2O 方面探索的一种新模式。

2014 年，微信支付接口正式对外开放，天虹成为首批接入微信支付的九家公司之一。天虹微信公众号在 2013 年 9 月上线，到 2015 年 9 月对外公布的微信会员数已经超过 400 万，月均交互会员数超过 100 万。

天虹发布的 2015 年财报显示，全年实现营业收入 173.96 亿元人民币，同比增长 2.34%；净利润 12.08 亿元人民币，同比暴增 124.44%。

取得如此华丽的成绩，天虹是如何做到的呢？

1. 全方位全渠道购物体验

作为消费者来说去商场主要目的就是购物，因此天虹商场在购物这块可谓做到了极致，消费者除了可以直接在商场购买商品外，天虹还提供了多种购物途径。比如，在微信上购买商品，使用微信支付付款，然后选择去门店提货或者快递到家，还支持货到付款。又比如，在微信上买购物卡，然后作为礼物转发给好友，好友既可以线下兑换实体卡买东西也可以直接在微信货到付款后直接消费。

但最厉害的当属打通 PC 端的自建电商平台"网上天虹"，消费者可以直接在微信搜索电商平台的商品下单购买。这种既对接 PC 电商，又对接实体门店的整合方式绝对开创国内百货零售的先河，相当于线下在给线上导流，好处不言而喻。不少传统企业自建电商平台最缺的就是流量，而实体店却拥有大量固定的客流量，通过微信引流过去不仅能够增加销售，还能培养用户购物习惯，真正实现了全方位全渠道购物。当然，真要实现天虹商场这样的模式，前端技术好做，后面的物流配送不易。

2. 百店归一，方便用户

和很多大型连锁企业在涉足微信时碰到的问题一样，天虹商场分布在全国各地的分店怎么样才能既统一管理，又能够体现各家店的商品、服务和

营销多样性。目前普遍现象是分店各自为政，开辟自己的公众账号，只做自己区域内的运营和推广；集团对分店账号掌控力缺乏，开发、推广、营销资源浪费严重，日常需要整合起来做一些全国性大活动时沟通成本高、效率低；用户在搜索和使用时也非常麻烦，延续性、一致性体验非常差。

为了最大限度地方便消费者，同时避免资源过于分散方便管理，天虹商场想到的方法就是在主账号内嵌入所有门店账号。这样既适应个性化的各家分店的经营需求，又保证天虹在微信渠道是用户唯一入口，在对外推广宣传上更加方便流量更集中。而消费者只需要在其公众号里选择所在地，则微信里的商品内容等信息就会相应变化。如下图，如果选择在深圳，热门活动就都变为深圳宝安购物中心的了，并且还可以进行订阅。

3. 扫码购不仅仅是二维码

作为线上线下重要的连接枢纽二维码，肯定会受到所有做O2O模式的企业重点关注。天虹商场学习美国第二大零售百货集团塔吉特，在线下门店选取一些公共空间和墙面，做虚拟商品销售，并在每个商品旁边附上二维码，消费者可选择看中的商品并直接扫码微信支付购买，线下取货，也有部分商品是实体店没有销售的。这种虚拟墙销售都是按照优惠的微信价，顾客非常乐于体验，有助于用户习惯养成。

除了二维码以外，天虹商场还将扫码这件事延伸到了国标码。微信已经将二维码扫描和条码扫描两个功能合并了，也就是说微信在扫码这件事上无论是在技术还是在对国标码产品数据支撑方面都已经相当完善。天虹商场估计也是趁这个契机拿到接口，以后如果家里沐浴露用完了，只要手机扫一扫就能通过天虹电商购买，还送货上门。

4. 品牌专柜线上直销平台

在天虹商场的微信公众账号里有一个菜单项叫"品牌优惠"，打开是在该商场里的一些品牌标志。点开某个品牌就进入了该品牌的微信专柜，除了专柜照片和相关引导外，还有该专柜正在进行的优惠活动，并且可以订阅该品牌，接收该品牌的最新活动信息。这块具有如下好处。

（1）可以通过用户对商场品牌订阅的情况，分析用户兴趣，进行品牌推荐和相关推荐。

（2）商场给品牌专柜提供的服务更多元化。

（3）线下专柜可以自主发布推广活动带动线下销售，更可以直接在线上交易。

（4）最终可能带动天虹商场的电商平台发展。

移动互联网时代，手机随时随地随身，不再有PC时代"在线"的概念，任何时候商品、门店、消费者都是被连接在一起的，线下店面将不再受到物理空间的局限，用户离开了门店还是有机会通过手机再跟他进行沟通和触达，因此线上线下一体化，持续优化消费者体验促成销售变成了现实。在这方面，天虹商场已经探索出自己的O2O模式，走在其他同行的前面，成为百货零售业的标杆和样板。

9.5 O2O营销的策略

电子商务的大发展对实体零售产生的影响日益明显。调查发现，近年来，各种背靠实体商超、以社区为依托的"网上超市"集中涌现。那么商场（超市）O2O究竟应该怎么做呢？具体做法如图9-8所示。

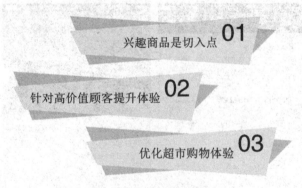

图9-8　O2O营销的具体做法

9.5.1　兴趣商品是切入点

消费者为什么会到A商场（超市）购物，而不去B商场（超市）消费，排除距离等客观因素外，商场（超市）在顾客心目中的印象深浅，和此商场（超市）拥有顾客兴趣商品的数量对顾客抉择有很大影响。所谓兴趣商品就是顾客最感兴趣的商品，几乎每个消费者都有自己熟悉的兴趣商品。

比如，有人总是购买统一老坛酸菜方便面，有人总是购买金锣肉粒多火腿肠。

消费者逛商场（超市）时会主动寻找兴趣商品，兴趣商品一旦进入视线，立即就能吸引消费者。消费者对兴趣商品价格记得最熟，购买频率最高。人有被认同的需求，自己喜欢的东西被认同，会产生满足感，所以从兴趣商品入手，最容易打动顾客。

O2O营销让连接的成本极低，可帮助商家了解消费者的兴趣商品是什么，帮助顾客培养更多兴趣商品，加深商场（超市）在消费者心目中的印象。

9.5.2 针对高价值顾客提升体验

商场（超市）每期推出DM单（邮报）上的商品价格"劲爆"，此促销策略吸引了大量只购买红价签（促销）商品的顾客，还剩部分高价值顾客对价格不敏感，商品是否促销不会影响他们的购物决策，他们追求品质、体验和感觉。

高价值顾客能为商场（超市）带来更可观的收益，但商场（超市）常用的营销手段比如DM单和积分，对高价值顾客吸引力很低。高价值顾客愿意为额外服务支付费用，那么商场（超市）应考虑如何用O2O营销来提升高价值顾客体验，提高他们的忠诚度，从而进一步挖掘高价值顾客的消费潜力。

比如，永辉超市的竞争力是生鲜，胖东来超市的竞争力是服务，大润发超市的竞争力是供应链和综合运营，充分维护住和挖掘高价值顾客，也能催生超市核心竞争力。

O2O营销有助于发掘、维系、培养高价值顾客。

9.5.3 优化超市购物体验

80后、90后逐步成长为消费主力，相对于价格，他们更看重体验，这种趋势越来越明显，零售商不得不主动适应消费者变化。

互联网时代连接方式变了，人性需求变了，用传统思想管理员工、顾客已经不合时宜。新一代消费者看重体验，喜欢用玩的心态生活、工作。零售企业在购物中加入"玩"元素，才能更好吸引新一代消费者。

9.6 O2O营销的方法

当众多的互联网企业在O2O领域的盲目跟风热潮过去，资本的狂热回归冷静，O2O也就真正会迎来一个良性的发展空间，而实体零售企业将在O2O上真正有了发力的机会。拥有丰富的线下资源、且在线上正在逐步摸到门路的实体零售企业，就能对符合自身的O2O业务进行资源的有效整合，并通过商业模式和产品服务的双重差异化，在市场上找到立足之地。

那么，作为实体零售企业，如何做好O2O营销呢？具体方法如图9-9所示。

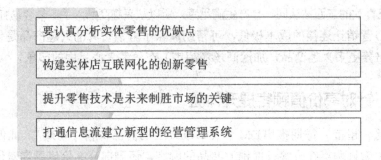

图9-9　零售企业O2O营销的方法

9.6.1　要认真分析实体零售的优缺点

和网络零售相比，实体零售企业最大的弊端如下。

（1）受营业时间、员工能力、店面位置等主客观条件所限，新客转化率和老客召回率较低，缺少粉丝经营的方法和路径。

（2）门店店长及销售人员往往并不清楚来访客户的消费习惯，也无法获悉客户是否为其会员或VIP。

（3）门店营销物料占用成本较高，且效果无法监测。

（4）在门店经营管理上依然很落后，采取传统的经营管理模式造成了效率低下、成本高企的现实。

但实体店仍然有很多优点，尤其是实体店的体验和便利性，仍然很具有吸引力。尽管各渠道的购物体验均在改善，但从"方便"性的角度看，实体店仍然占有优势。

9.6.2　构建实体店互联网化的创新零售

针对上述分析，作为零售企业，必须要"拆掉实体店的墙"，通过建立真正的O2O，打破线下实体店受营业时间、店面位置、货架空间等的限制，延伸实体店线上销售功能，让顾客获得全渠道、全天候随心的购物体验，提升顾客销售转化与离店顾客的再次复购。

实体零售店的互联网化，一般会历经三个不同阶段，具体如图9-10所示。

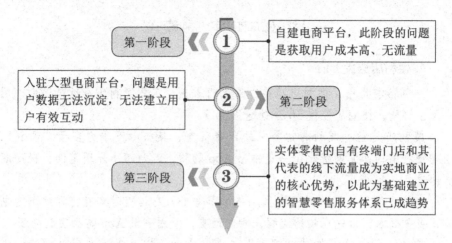

图9-10　实体零售店互联网化历经的阶段

9.6.3　提升零售技术是未来制胜市场的关键

连锁复制的模式已经不再是重点，零售技术的提升才是未来制胜市场的关键。

比如，北京全时便利、安徽乐城超市这样的企业，正是通过零售技术的提升，用不对称的战略战术，打破了行业的固有平衡，从而获得了市场的认同。

这种技术的提升不仅仅包括支付方式、数据对接、移动互联，也包括深耕精细化、创新业态、打破原有门店模式、重塑供应链等。

比如，为了给消费者带来更好的购物体验，安徽乐城超市从国外引进当时世界上最为先进的智能光电感应门系统，购物车、电子标签、购物篮也是直接从国外进口，包括生鲜区也使用电子看板，给消费者提供最有品质的购物体验。

9.6.4　打通信息流建立新型的经营管理系统

打通信息流的方法就是打通零售企业内部营销、商品、服务、组织协调等涉及企业所有的营销环节，打破信息屏障。

利用移动互联网工具让企业重塑业务流程，实现从总部到门店，管理者到督导、店长、导购之间的实时互动、扁平沟通，将企业和个人联系起来，使进度可视化、成本可视化，从而建立一个成本最小化、效益最大化的经营管理系统。

相关链接

超市做O2O的15种模式

1. 便利店送货上门

全购便利推出了便利店网购送货上门服务，实体便利店附近范围内，用户网上订货，便利店最快30分钟送货上门。

便利店是满足便利购物需求的零售业态，其核心竞争力在于"便利"，全购便利需向两方面优化，一是推出App购物，二是缩小配送范围，提高配送速度。

其实电脑网上购物并不便利，并不是每个人身边随时都有打开状态的电脑，要先登录，再完成购物流程，相对而言，使用手机App购物便利得多。

此App设计也要围绕"便利"二字，比如：打开App就用瀑布流的方式展示商品，每类按高销量或个性喜好排列商品顺序，向顾客提供方便的选择类目、精选的便利商品；并且还可为App设计通话功能，用语音留言通话订货也许更加便利。

便利店满足便利购物的需求，客单价不高，对应每单绝对毛利也不高，如果配送范围过大，则毛利很难支撑配送成本。笔者建议便利店做网购送货上门，可缩小配送范围，加快配送时间，这样既能优化便利体验，也能降低配送成本。

2. 便利店包裹代收

连锁便利店可推出快递包裹代收服务，免费代收包裹，既能增加门店客流，又有概率增加销售额。如果向用户收服务费代收包裹，还能增加收益。

这个服务需要注意声明不验货，不对包裹内商品质量真假负责，对提货顾客需要电话身份验证。

另外，很多家长担心孩子不吃早餐，把早餐钱用于其他地方，那么便利店可考虑推出早餐预订服务，学生每天早上到便利店提取当天的早餐。

总之能解决用户问题的商业模式才是有价值的，要多观察用户的痛点在什么地方。

3. 便利店整合配送和服务

如果便利店推出了送货上门的App或者PC端应用，可考虑把此社区其他商家商品纳入App服务体系，在App展示水果、餐饮等商品，有订单后，由便利店人员到商家取货送到用户家中。

便利店网上平台还可邀请保洁、开锁、疏通等服务商家入驻 App，有订单后商家上门服务，便利店为用户精选靠谱商家，并且担保服务售后，根据服务质量筛选商家。便利店可用此方法解决用户对服务商家不放心的顾虑，并从中得到返佣收益。

总之，便利店未来一定会成为社区综合入口，要用好互联网思维和互联网工具向此方向迈进。

4. 虚拟便利店的可能性

以上 3 点都是围绕实体便利店，但我们可换个思路，做成虚拟便利店。没有实体门店，以上 3 种服务也能提供，这个方案节省了房租水电成本，但也失去了门店销售收益。虚拟便利店的思路和下文几种商业模式也可结合。

5. 集中购物需求

便利店满足便利购物需求，大型超市满足集中购物需求。我们可在便利店基础上满足集中购物需求，建立商品齐全的网上超市，顾客订货后，集中配送到便利店，顾客自提或者便利店统筹送货上门，这就能用"便利店＋网上超市"满足家庭集中购物需求。

送到便利店而不是送到用户家中的原因是干线配送成本远低于最后一公里配送成本，只要单个便利店能聚合订单，则成本比传统电商低很多（仓库到便利店直接配送也几乎没有包装成本了），低价丰富的网上超市业态有可能聚合足够订单。

6. 生鲜业务模式

在第 5 点介绍的"便利店＋网上超市"模式中可加入生鲜自提业务，生鲜业务便利店不便操作，因为生鲜商品进货烦琐，生鲜商品必须较齐全，否则顾客很难搭配。

生鲜电商也很少有成功的例子，因为生鲜商品送货成本高，保质期短，拒收后面临耗损。

如果便利店陈列销售部分生鲜商品，消费者也能网上预订生鲜商品，每天集中送货到便利店，就能让消费者购买到齐全新鲜的生鲜商品。订购商品也能在门店按重量收费，就能解决生鲜商品标准化问题，集中配送，则配送成本低，如拒收可直接在门店打折处理销售。

此模式也可改为"生鲜店＋网上超市"模式。网购毕竟不能解决生鲜商品体验问题，生鲜类商品门店陈列销售，其他商品（包含生鲜）网购的模式，线上线下结合，网购解决门店商品不够齐全问题，门店解决网购配送成本高问题，两种业态融合能相互解决问题。

7. 垂直人群模式

针对垂直人群提供有针对性的服务是一种思路方向，比如某些企业地处偏僻购物不便，可和企业后勤联系解决企业员工购物需求，网上订货后固定时间送到企业，员工自提。或者把上文"便利店＋网上超市"模式中的便利店建在办公楼，引入针对办公楼公司所需的商品和服务，最终建成办公楼购物平台。

8. 大单采购模式

中小型企业单位福利礼品采购是一个较大市场，团购也是连锁超市重要的市场之一。连锁超市可考虑推出单位福利团购网站，推出各种商品组合，以透明价格、透明采购环节、多种可选套餐、方便简单为卖点经营。

9. 大卖场单店网购平台

前文写过为单个便利店建立网上平台做送货上门，同样，也可以为单个大卖场门店做网上平台，大卖场附近一定范围支持网购送货上门。

便利店网购平台强调"便利"，满足便利购物需求。大卖场门店的网购平台则要满足家庭一站式购物需求，商品丰富和价格实惠比便利更重要。

用户在大卖场单店网购平台订货，附近一定范围内每晚6点到9点统筹送货上门，根据送货距离另收配送费用。

因为是晚上统筹集中送货，所以配送费不高，传统电商快递大多不能送货到户（通常在楼下自取），不能夜间送货（家庭一般晚上才有人）。而超市商品，如油盐酱醋等，往往不方便送货到用户单位让用户自提回家，只有夜间送货到户，才最方便顾客。

10. 线上线下结合送货方式

网购体系也能为线下卖场服务，在大卖场购物最大的问题是搬运商品回家。大卖场也可提供送货上门服务，用户在大卖场购物，在服务台办理送货手续，订单和第9点中提到的网购平台订单一起夜间送货到户。网购体系为实体门店购物顾客提供增值服务。

11. 创业合伙人模式

第9点中提到的大卖场门店网购平台可加入创业合伙人模式，在卖场门店覆盖不到的密集住宅小区招募创业合伙人，合伙人负责网购平台在此社区的推广、配送、售后。只要此社区每增加一位新顾客，再奖励合伙人20元推广费（按每月净增量计算）。每天把此社区订购商品集中送货到合伙人处，合伙人负责统筹送货到户，每单收益2元配送费。

一般来说，只要合伙人每天在此社区平均聚合30个订单，则能达到每天工作3小时，每月收入2000元的目标。合伙人等于在社区零成本创业，所发展的顾客能为自己带来持续收益，故能提供灵活完美的服务。

12. 大卖场App模式

为大卖场开发App应用，作用可有以下几点：移动购物，去卖场前看看是否有所需商品，查找所需商品所在货架位置，代替会员卡积分换购，顾客支付工具，顾客购物记录工具，推荐活动通知渠道，顾客购物时根据商品价签上的二维码了解商品更多信息（包含其他顾客的评论等）。

13. 全员营销模式

大卖场网购平台用户名和App会员卡绑定，平台推出推荐人功能，大卖场工作人员可以发展亲朋好友注册并把自己设定为推荐人；全员下达任务，大卖场根据员工和员工推荐引入的顾客的每月购物金额进行绩效考核。

超市商品人人需要，传统卖场模式无法引入推荐人统计销量数据，结合网购平台就能实施全员营销计划。

14. 直销模式

传统的直销因为运营成本、人员、培训等成本高，所以这类品牌商品价格高、毛利高。

互联网做直销推广成本较低，比如可以在自己的微博、微信上做营销，在QQ空间、QQ签名、名片上推广直销商品。特别是收入不高而且接触面广的用户，可用互联网工具兼职做直销推广。

此模式为互联网兼职直销人解决供应链、销售平台、配送和售后，互联网直销人只负责在自己的人际关系中营销即可。建立购物网站，此购物网站不能开放注册，要注册必须填入推荐人注册码。这样推荐人和被推荐人就能绑定，被推荐人的购物毛利以一定比例返佣给推荐人。

这个模式和传统直销网站不同的地方是成本低，所以毛利要求低，可用市场价格销售普通商品，不洗脑，不骗人，把网站本身应该付出的推广成本付给直销人。

15. 商品粉丝

对大卖场而言，引入网购平台，引入App会员卡，利于商品结构优化和个性推荐。

大卖场在商品丰富和实惠上无法和淘宝天猫等电商平台竞争，但能根据当地情况做到商品结构更加符合本地需求。传统卖场由于大部分顾客拒绝使用积分卡，无法跟踪用户消费数据，所以很难做商品优化。

引入 App 和网购平台后，获取用户数据更多更容易（特别是高端顾客），可加入商品粉丝功能，跟踪哪类人欢迎哪类商品，根据商品维度优化商品库存和盈利，根据顾客喜好推荐商品，当顾客关注的商品有活动时通知顾客。

这 15 种超市电商模式的方法并非独立，它们之间可相互结合成新的商业模式。

第10章
广告营销

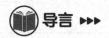 导言 ▶▶▶

随着经济全球化和市场经济的迅速发展,在企业营销战略中广告营销活动发挥着越来越重要的作用,是企业营销组合中的一个重要组成部分。

10.1　什么是广告营销

广告是一种宣传的手段，也是一种让大众了解企业的方式。广告营销是指企业通过广告对产品展开宣传推广，促成消费者的直接购买，扩大产品的销售，提高企业的知名度、美誉度和影响力的活动，是通过营销策划人员，思考、总结、执行一套完整的营销方案。

10.2　广告营销的作用

现代广告是以宣传活动、营销策划、塑造品牌形象为目标的现代经济运作形式。广告营销具有图10-1所示的作用。

1. 现代广告在企业的生存发展、开辟国际国内市场、谋求经济利润最大化等方面具有十分重要的作用，广告宣传与企业整体利益存在着明显的互动效应

2. 广告宣传不仅是现代社会生产分配过程的加速推动力，更是企业产、供、销系统的润滑剂

3. 广告宣传对搞活市场经济起一定作用，推动着新时期我国市场经济的快速健康发展

图10-1　广告营销的作用

10.3　电视广告营销

电视广告传播速度快，覆盖面广，表现手段丰富多彩，可声像、文字并用，可谓是感染力很强的一种广告形式。

但是电视广告成本昂贵，制作起来费工费时，同时还受播放时间、播放频道、储存等因素的限制和影响，信息只能被动地单向沟通。一般晚上7点半至10点半，被认为是广告的最佳时间，但是费用也相当高。电视广告适用于商场（超市）的形象宣传广告、特别活动广告等。

商场（超市）开展电视广告营销要点如图10-2所示。

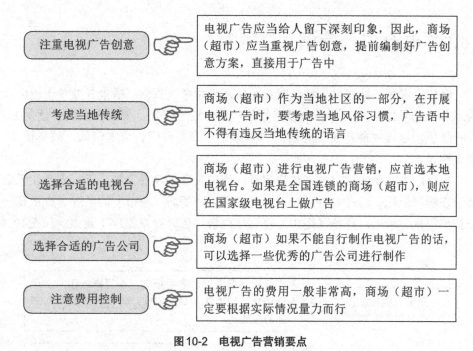

图 10-2　电视广告营销要点

10.4　内部电视广告营销

许多商场（超市）在内部顶上悬挂电视，专门播放制作好的广告，方便进入商场（超市）的顾客能够直接观看，并浏览广告内容。

商场（超市）内部电视广告营销的要点如图 10-3 所示。

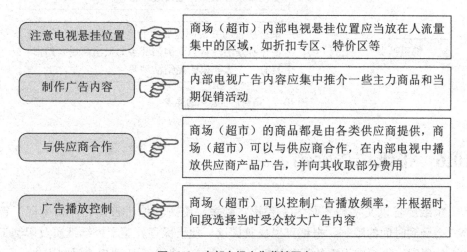

图 10-3　内部电视广告营销要点

10.5　电台广告营销

电台广告是一种线性传播，听众无法回头思考、查询。播报者要善于运用口语或者生动具体的广告词语来描述商品，不要过于烦琐，要使听众一听就明白、一听就懂，这样才能产生绝佳的广告效果。一般电台广告成本较低、效率较高、大众性强。

电台广告主要通过声音来传递信息，词句发音不仅要容易辨听，还要让听众易于理解和记忆。通过收听广告，消费者可以对商场（超市）的品牌、价格有一个初步印象。所以，商场（超市）在创作电台广告时要掌握以下要点，如图10-4所示。

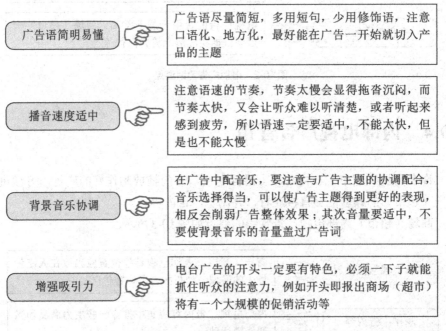

图10-4　电台广告营销的要点

10.6　报纸广告营销

报纸广告以文字和图画为主要视觉刺激，不像其他广告媒介，如电视广告等，会受到时间的限制。报纸可以反复阅读，便于保存。鉴于报纸纸质及印刷工艺上的原因，报纸广告中的商品外观形象和款式、色彩不能理想地反映出来。

商场（超市）可以在报纸上购买一定大小的版面，大张旗鼓地宣传自己，并在广告上公布各类促销活动信息。

10.6.1 常见报纸广告形式

商场（超市）要根据广告的不同特征选择合适的报纸广告形式，如图10-5所示。

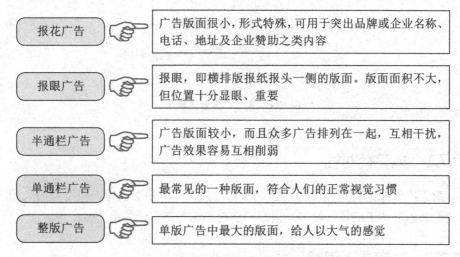

图10-5 报纸广告形式

10.6.2 报告广告营销流程

商场（超市）开展报纸广告营销可按以下流程进行。

（1）仔细分析。商场（超市）要分析自己所处区域的特征，并根据其进行精准投放，选择合适的日报、晚报、生活报等。

（2）精准投放。商场（超市）可以将广告登在部分企事业单位、家庭、消费场所都有订阅的报纸。

（3）积极反馈。商场（超市）应在广告中留下自己的联系电话，方便阅读报纸的顾客及时反馈信息。

（4）版面制作。商场（超市）制作的报纸版面必须非常大气、吸引人。

10.7 杂志广告营销

杂志可分为专业性杂志、行业性杂志、消费者杂志等。各类杂志由于读者比较明确，是各类专业商品广告的良好媒介。

商场（超市）杂志广告营销要点如图10-6所示。

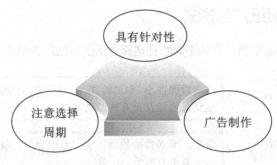

图10-6　杂志广告营销要点

10.7.1　具有针对性

杂志广告最大特点是针对性强，专业性强，范围相对固定，即不同的人阅读不同的杂志，便于商场（超市）根据消费对象选择其常读的杂志做广告。

10.7.2　注意选择周期

如果商场（超市）每周做一次促销活动，应当选择每周出版的杂志；如果每半个月做一次促销活动，则应选择每半月出版一次的杂志。

10.7.3　广告制作

相对报纸而言，杂志版面较小，营销人员在制作广告时应注意文字要简短、精练，引人注目。

10.8　DM广告营销

DM是英文Direct-mail Marketing的缩写，直译为"直接邮寄营销"。DM一般通过邮寄、赠送等形式，将宣传品送到消费者手中、家里或公司所在地。

DM是区别于传统的报纸、电视、广播、互联网等广告刊载媒体的新型广告发布载体，因为传统广告刊载媒体贩卖的是内容，然后再把发行量二次贩卖给广告主，而DM则是贩卖直达目标消费者的广告通道。

10.8.1 注意选择DM广告分类

商场（超市）应根据自身的实际情况选择合适的广告。DM广告分类如图10-7所示。

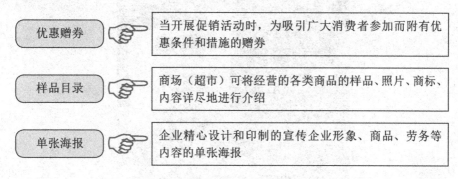

图10-7 DM广告分类

10.8.2 选择合适的传递方式

商场（超市）应当为DM广告选择合适的传递方式，如图10-8所示。

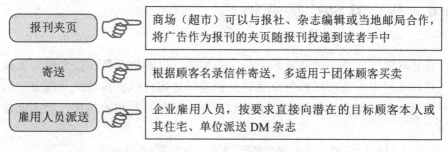

图10-8 DM广告的传递方式

10.8.3 DM广告设计制作

商场（超市）在设计制作DM时，假若事先围绕它的优点考虑更多一点，将对提高DM的广告效果大有帮助。DM设计制作要点如下。

（1）设计要新颖有创意，印刷要精致美观，使其能吸引更多的眼球。

（2）充分考虑其折叠方式、尺寸大小、实际重量，使其便于邮寄；可在折叠方法上进行创新，比如借鉴中国传统折纸艺术，但切记要使接受邮寄者方便拆阅。

（3）配图时，多选择与所传递信息有强烈关联的图案，刺激记忆（图10-9）。

图10-9 沃尔玛DM海报样式

10.9 公交站牌广告营销

公交站牌广告是一种非常常见的广告形式，很多企业都在公交站牌上做广告。商场（超市）也可以在公交站牌上刊登广告内容或者将商场（超市）的名字放到站牌上，使过往的顾客都能看到商场（超市）的相关信息，起到宣传的作用。

商场（超市）开展公交站牌广告营销的要点如图10-10所示。

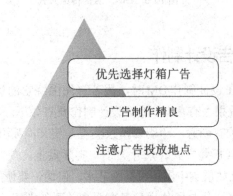

图10-10 公交站牌广告营销的要点

10.9.1 优先选择灯箱广告

公交站牌广告分为很多种,其中,灯箱广告提供夜间照明系统,令画面更具视觉冲击力,能以最贴近的方式将品牌信息随时随地传递给消费者,对消费者具有持久的影响力。

10.9.2 广告制作精良

广告制作要精良,可以选取几种主要的,或价格折扣非常低的促销商品放入广告中,以吸引更多眼球。

10.9.3 注意广告投放地点

商场(超市)应尽量选择本商场(超市)周围商圈内的公交站牌做广告,广告上应写明商场(超市)的地址,方便顾客直接入店消费,具体如图10-11所示。

图10-11　沃尔玛在公交站台发布的广告截图

10.10　店外告示牌广告营销

店外告示牌广告营销是指通过在店外告示牌上刊登广告信息,吸引顾客注意并使其进入商场(超市)购物。商场(超市)往往会在外部放置告示牌,将当期海报信息或特价商品信息刊登于告示牌上。

商场（超市）开展店外告示牌广告营销要点如图10-12所示。

确定告示牌大小	商场（超市）的店外告示牌大小要适中，要根据广告信息情况确定，一般为100厘米×60厘米
广告制作	告示牌上的广告应用直观、形象的文字列明，配备的图片要鲜亮、容易引人注意
注意摆放位置	告示牌要摆放在商场（超市）门口接近店外人行通道的区域，方便经过人行道的顾客看到
及时更新	商场（超市）的促销广告往往变化很快，因此要做好更新工作

图10-12 店外告示牌广告营销要点

第11章
会员营销

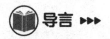 导言 ▶▶▶

随着IT技术的发展，尤其是互联网的普及，会员制营销渐渐成为企业必不可少的选择，谁先建立会员制营销体系，谁将在激烈竞争中处于优势。

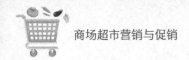

11.1　什么是会员营销

会员营销是一种基于会员管理的营销方法，商家通过将普通顾客变为会员，分析会员消费信息，挖掘顾客的后续消费力，汲取顾客终身价值，并通过客户转介绍等方式，将一个客户的价值实现最大化。会员营销与传统营销方式在操作思路和理念上有众多不同。

比如，新世纪商场会员卡办理标准是单日内在商场消费满500元，凭收据和本人身份证就可免费办理会员卡一张。凭会员卡可以部分商品享受9折优惠，在一些商场活动中可以优先享受优惠。平时购物可以积分，超市普通购物2元积1分，电器、服装、化妆品1元积1分，烟酒1元积5分，某些节假日可根据商场规定的专柜或特殊商品享受双倍积分。累计的积分可以在每年年终返为电子礼券进行再度消费，积1000分兑换8元，也可以不兑换钱领取奖品。

11.2　会员营销的好处

会员营销具有图11-1所示的好处。

01	稳定顾客，培养顾客忠诚度
02	掌握消费者信息，了解消费者需求
03	增加企业的收入和利润

图11-1　会员营销的好处

11.2.1　稳定顾客，培养顾客忠诚度

会员制的根本目标就在于建立稳定的消费者资源，与顾客建立稳定的长久的关系。零售企业提供会员制服务，可以锁定目标顾客群，保证拥有一定数量的客源，为企业带来稳定的销售收入；而且零售企业通过与顾客之间建立良好的关系，可以使顾客产生归属感从而培养顾客的忠诚度，降低开发新顾客成本，提升企业竞争优势，树立企业品牌。

11.2.2 掌握消费者信息，了解消费者需求

一般来说，零售企业在消费者申请会员卡时要求其填写个人资料，这对零售企业来说，可以收集到大量会员的基本情况和消费信息。企业可以明确自己的消费群体，掌握和了解企业顾客群的特点，有利于进行消费分析。同时，会员制提供了企业与顾客的沟通渠道，便于企业及时了解消费者的需求变化，为改进企业的经营和服务提供客观依据。

11.2.3 增加企业的收入和利润

会员消费是零售企业扩大市场份额的重要支柱，并成为零售企业收入和利润新的增长点。同时，对于一部分收费式会员制，在达到一定规模的情况下，能够使企业在短时间内拥有大量可支配资金，并取得可观的会费收入。

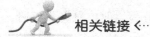
相关链接

广东永旺紧抓会员经济

在电商冲击和经济压力加大的当下，广州的百货和超市开始将眼光瞄准了会员经济，不断提高会员附加值，会员营销成为不少线下商家与线上商家抢客的新"武器"。

在千年商都广州，服务一向是百货和超市引以为傲的优势。不过，面对电商的冲击，大力加强针对会员的服务则成为百货和超市当下的必修课。

为此，广东永旺开展了多项措施紧抓会员经济，广东永旺会员App于2015年9月全店上线，会员不仅可以随时查看最新的促销活动信息，更可享受会员专属优惠。首次注册广东永旺App可获得5元礼券使用，吸引超过17000人次下载使用。

广东永旺天河城商业有限公司营运总部总经理表示，App通过顾客会员卡的购买记录，可以了解到顾客的购买习惯，每次针对不同的顾客推送约60种商品的促销方案，实现个性化和精准化的营销，公司后续还会开发更多应用功能。

不仅如此，每逢店庆促销，会有专门的销售人员电话或者短信告知会员将有哪些优惠的活动，使会员可以提前知晓。

据统计，从1996年首家店铺开业以来，广东永旺已积累了50万会员人数，会员的到店消费频率是非会员的1.5倍，会员的消费额贡献率达到40%。

11.3 会员卡的分类

会员卡在商场（超市）拉动群体消费和稳定销售业绩方面，有着不可忽视的作用。一般来说，会员卡主要有图 11-2 所示的几种形式。

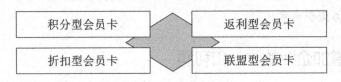

图 11-2　会员卡的形式

11.3.1 积分型会员卡

（1）使用方法。积分型会员卡主要是以消费商品积分为主要信息搜集手段。商品的积分算法也会有如图 11-3 所示的多种，然后根据积分点数的多少，回赠消费者礼品、奖券或参与抽奖。

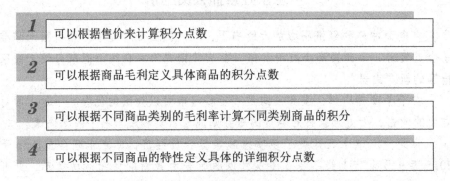

图 11-3　商品积分算法

（2）促销手段。积分型会员卡的促销手段有以下两种。

① 在某个时间段内，可以根据消费的情况，降低领取奖品的底线；或者提高积分相同条件下的积分点数等来刺激会员消费。

② 在某个时间段内，根据会员的消费积分等级，满足一定积分点数，可以以超低价购买正常销售的商品。

比如，凡积分在限定时间内满 100 点，可以 25 元购买 5 升装食用油一桶。

③ 会员可以一定数目的积分点数，加一定现金购买正常销售的商品。

比如，100 点的积分数加 10 元可以换购一瓶 200 毫升飘柔洗发水，当购完商品时会员卡的积分就相应减少100点。

> **小提示**
> 不管采取哪种形式促销,事先要根据门店规划的会员章程来定制活动规则,而且门店要从成本的角度对促销活动进行核算。会员的促销活动应使消费者很容易达到消费要求,才有实际意义。

11.3.2 折扣型会员卡

(1) 使用方法。折扣型会员卡需要定期收取一定的会费,或者先预付消费款项,或者指定某一部分消费群体,在正常消费过程中可以享有的特殊折扣。一般根据会员顾客的类型或等级,执行不同优惠比率;具体商品的优惠比率也可以制定为不一样的,而且可以对不同的货品类别进行不同的折扣;还有根据商品给持卡者制定统一的折扣价,通常称之为会员价。

(2) 促销手段。折扣型会员卡的促销手段如图11-4所示。

| 针对持卡会员,一定时间段内,进行商品特价折扣优惠,加强团体客户消费,同时拉动新的顾客入会 | | 持卡消费(必须要与积分一起使用)满一定数额后可以升级,使其获得的优惠比率更大 |

图11-4 折扣型会员卡的促销手段

> **小提示**
> 在制定商品的折扣比率或金额时,建议一定要根据商品的毛利额来具体定义每个商品的折扣价格,以避免商品出现亏本销售。

11.3.3 返利型会员卡

(1) 使用方法。根据会员消费的金额,满足一定数目后给予一定的返利优惠券或商品。此种类型应该是在积分类型的基础上的衍生,但具体的返利标准及时间限制,门店要根据自身利益情况作出限制。

(2) 促销手段。返利型会员卡的促销手段如图11-5所示。

图 11-5　返利型会员卡的促销手段

> 活动的时间限制、参与对象的条件限制以及返利商品的范围都必须在使用前规划好，避免引起顾客争执。

11.3.4　联盟型会员卡

（1）使用方法。与其他商业服务单位联盟，推出联合促销活动。

比如，消费者持有商场（超市）的会员卡，到其他的商业单位消费时可以给予特殊折扣，如影楼、美容院、餐饮店、汽修厂、娱乐城等单位。

（2）促销手段。联盟型会员卡的促销手段如图11-6所示。

联合其他的商家，消费者在规定时间段内在门店消费满一定数额可以到联盟单位享受特殊折扣；或者在其他商业单位的消费够一定数目的金额后可以在门店以超低折扣购买关联商品

其他新的联盟商家加入时，加大折扣力度，或降低条件限制

图 11-6　联盟型会员卡的促销手段

> 联盟的商家一定是享有商业美誉的优秀商家，最好建立关联会员档案，随时双方有新的顾客入会时，马上可以发出通知或邀请顾客入会。

11.4 会员营销的步骤

会员管理的根本意义在于通过管理和营销手段，积累长期有效的客户群体，并且挖掘二次销售，实现持续经营。一个成功的店铺会员管理机制需要经过图11-7所示的五个步骤。

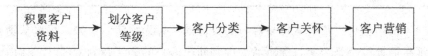

图11-7 会员营销的操作步骤

11.4.1 积累客户资料

积累客户资料是会员管理的第一步，根据资料可以将客户的信息划分为基础信息、特性信息和营销信息。

（1）基础信息。基础信息主要是客户所处的地区、手机号、邮箱地址、是否成交、评价内容以及在该店的会员级别，这类信息有助于店铺了解该客户是否和店铺的定位、品牌调性相匹配，进而判断其是否会再次购买。具体内容如表11-1所示。

表11-1 客户基础信息

基础信息	内容	作用
地区	如北京、上海、深圳等	有气候、时尚、人文等环境因素
手机号	收件人号码、付款人号码等	会员联络、通知
邮箱地址	客户邮箱	会员联络、通知
客户类型	是否成交客户	服务内容、商品信息推广
客户评价	中差评及评价内容	客户的关怀维护
会员级别	店铺的会员级别	客户的会员服务内容

（2）特性信息。特性信息是指客户的特征，如身高、三围、发质、肤质，可以应用到店铺产品的开发和营销中。具体内容如表11-2所示。

表 11-2　客户特性信息

特性信息	内容	作用
身高	客户的身高	服装类目应用
三围	客户的三围信息	服装类目应用
肤质	客户皮肤类型	化妆品类目应用
发质	客户头发类型	化妆品类目应用

（3）营销信息。营销信息与客户的具体购买行为挂钩，比如，可以从消费金额、消费周期以及是否参与优惠活动中判断出客户的购买行为特征。具体内容如表 11-3 所示。

表 11-3　客户营销信息

隐私信息	内容	作用
消费时间	客户最后一次付款时间	客户购物时间判断依据
消费周期	客户的购物周期	客户营销周期判断依据
消费金额	客户购物的消费金额	客户消费能力判断依据
订单信息	客户的购物商品选择	客户的购物信息依据
优惠券	客户是否持有店铺优惠券	优惠券营销依据
营销反馈	客户接受店铺的营销反馈	客户再次消费的判断依据
消耗周期	客户购买商品的使用进度	客户维护及营销的依据
目的	客户自用或送人	客户购物需求的判断依据

11.4.2　划分客户等级

划分客户等级的方法有很多。

比如，根据顾客是否发生购买行为，可以将其分为订购客户和非订购客户；根据客户的购买次数、购买金额，可以将客户分为普通会员、高级会员、VIP会员和至尊 VIP 会员。

鉴于会员层级不同，可以设置差异化的会员策略，借此刺激普通会员向更高层级会员升级。最常见的策略有等级名称差异化和等级条件可控化，前者如将会员名划分为小兵、团长、司令，后者则根据会员活跃度升降会员等级，不定期设置活动。此外，还可以在产品、服务以及价格上采取等级特权差异化。

11.4.3 客户分类

结合客户的交易周期和交易特征，可以进行客户分类，进一步将客户划分为新客户（高客单）、新客户（低客单）、忠诚客户、活跃客户、预流失客户（高客单）、流失客户、休眠客户。

下面是××商场对会员进行分类的依据，具体如表11-4所示。

表11-4 客户分类明细

客户分类	分类条件说明	分类意义
新客户 （高客单）	30天内第一次在本商场购物的客户；客户在本商场只购物过一次；客户的单笔订单价格≥500元	筛选出最近在本店购买过的客户，且这些客户对商品价格敏感度较低，更在意质量和服务
新客户 （低客单）	30天内第一次在本商场购物的客户；客户在本商场只购物过一次；客户的单笔订单价格＜500元	筛选出最近在本商场购买过的客户，且这些客户对商品价格敏感度较高，喜欢低价商品
忠诚客户	7～45天内在本商场购物超过3次	客户近期购买过本商场商品，且经常在本商场消费，是本商场的忠诚客户
活跃客户	7～45天内在本商场购物2～3次	客户在近期购买过本商场商品，且这些客户在本商场消费过2～3次，有可能成为忠诚客户
预流失客户 （高客单）	45～90天内在本商场购物过的客户，且客户平均每单价格≥500元	客户可能正准备在本商场再次购买，或者客户可能快忘记本商场，且这些客户价格敏感度低
流失客户	90～365天内在本商场有过购物的客户	客户可能最近没有购买过商品或在别家购买了商品，客户正在忘记本商场
休眠客户	最后一次购物在一年前的客户	客户可能最近没有购买过商品或在别家购买了商品，客户已经忘记本商场

11.4.4 客户关怀

客户关怀是指会员在下单后，和客户核对商品信息、协助客户付款、帮助客户送货上门、做好售后服务等一系列工作。

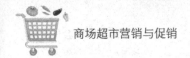

11.4.5 客户营销

客户营销是会员管理的最后也是最重要的一步。目前,店铺营销一般采用短信、EDM(电子邮件营销)、电话、礼品赠送等方式。

(1)短信凭借低成本以及顾客查看的高频率成为最常采用的方法,但其整体的转化率偏低,需要根据具体活动力度来施行。

(2)在EDM中,客户可以直接点击页面,因而转化率较高,但是客户主动查看的概率并不高。

(3)电话营销准确率和转化率也非常高,然而其成本也较高;礼品赠送是客户最喜欢的营销方式,但在礼品的选择上要注意控制成本。

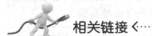相关链接

连锁超市如何玩转会员营销

连锁超市因具有网络优势、成本优势、品牌优势、售后服务优势等而备受消费者青睐,那么对于连锁超市而言,不能只局限于单店会员制,更应该具有"大会员制"的概念和优势。连锁超市不仅仅是让品牌连锁,更应该让整个体系的会员体现连锁,这样才能保证企业经营效益的稳定和提升。

连锁超市会员制营销方案制定要从以下六方面着手。

1. 根据企业的品牌定位和战略定位,制定科学的会员体系

市场日趋成熟,竞争日益激烈,企业的竞争策略应该由原来的价格战和广告战转换为服务战、增值战,会员制营销就是最好的体现。通过会员平台,企业可创造跟顾客联系、沟通、参与、感动顾客、软性宣传等机会,让顾客养成品牌习惯和依赖,进而产生品牌归属感。

会员卡销售是一个全面、综合的营销活动,事先须有一个清晰的目标、所能提供的服务项目和费用预算。企业必须清楚地认识到,如果消费者因一时被打动而加入会员组织后,把会员卡往钱夹里一塞就了事,绝对是会员卡销售的失败。会员的加入仅仅是个开始,能否让会员投身进来,主动关心参与才是根本。这就要求我们具有全面科学、量体裁衣、独特新奇的会员体系和增值服务。我们将会员卡销售纳入企业整体营销战略之中,无论在会员招募、会员管理方面,还是在促销宣传、联谊活动等方面,每一项活动之初企业都应做充分的预算和规划,设计一套完整全面的营销方案。

会员体系的设计一定注意跟企业、顾客结合，如设计和制定会员类型时，根据细分市场的顾客属性（年龄、消费级别、行业属性等），设计相应的会员类别，首先主要考虑的两个要素：心理认可度和有效阶梯型。一般会员制最后发展统计图应该是菱形，两头尖，中间大。因为中间的会员级别属于主要的会员类型，也就是你最想要发展成会员资格的人；下面的是门槛级；上面的品牌标示级，是为了衬托中间会员级别的品牌性和性价比。另外各级别之间的阶梯度十分关键，如果级别太密，服务、折扣、积分拉不开，体现不出升级的优势；如果太大，会员升级难度太大，就会放弃消费升级。按照心理学分析，一般高于基本心理承受线的20%时，属于消费者愿意尝试范围，所以心理认可度和有效阶梯形的两个要素在会员类型设计时就很关键。

2. 做好会员增值服务的连续性

有些品牌在增值服务中也想了很多新奇点子，如生辰俱乐部、血型座谈、亲子教育、家庭竞赛、妈妈秀等。但是很多活动没有做好计划，经常临时通知，会员感觉不到系统性，也没有稳定感和自我把控感，所以参与性和关注点就会大打折扣。之所以进行会员制，就是用这个平台提供跟顾客重复见面和沟通的机会，让顾客不断加深记忆，让他们对我们的活动和品牌产生习惯和依赖。所以我们常规的活动模块和举办时间应该是固定的，会员中心也应该在年度末就将下年度会员服务计划出来并告知给会员，让会员能感受到全年丰富的增值活动，提前感受收获感，增强期望值和忠诚度（当然偶尔可设计1~2次惊喜，让会员感觉意外）。主题活动在设计中应该是环环相扣的，不仅是能够围绕企业，更应该是上下活动之间的过渡，让会员参加本次活动就应该对下次活动产生期望。这些虽然是增值服务，当然在部分活动中也会有润物细无声的销售，不过如果是纯答谢会，就不要太功利，否则适得其反。

3. 让会员活动参与性更强

会员活动不是表演秀，是一种情感体验和升华的营销，所以活动要注重参与性。很多会员更需要的是交友平台和商务平台，我们的责任就是搭建和维护这个平台。比如留住客户，我们可以建立一个完善的企业客户网，这对企业开发老客户的新需求是非常可行的，也是非常必要的。这个企业客户网其实也是通过会员卡系统进行客户关系治理的衍生物。

4. 让会员的增值更量化

会员的增值活动不仅仅要做，更重要的要让增值量化，从而产生消费攀登。比如，我们很多人有超市会员卡，但是很少去刷，更别说积分多少，因为在会员心目中，这个积分返还太远也太虚，不知道会是什么，心中没有概念，就如现金 100 元的 5% 和现金 5 元，一定是后者让顾客感觉更直接。所以我们应该将我们的增值服务定期量化给会员，如 CRM（客户关系管理）系统统计顾客平均每星期消费 500 元，我们会系统提醒会员："尊敬的×××会员，您好，感谢您对我们一直以来的厚爱，温馨提示：您目前每个星期平均消费 500 元，现积分×××分，如继续常规消费，一年将获得积分××××分，年底可直接换取价值 200 元物品一个（产品任意选择），如果每个星期消费 800 元，一年获得积分×××××分，年底可直接诶换取价值 500 元物品一个（产品任意选择），祝愿你购物愉快！"我们的会员收到短讯是不是会感觉消费目标更明确和心理更踏实呢？

5. 建立完善的 CRM 体系

建立完善的 CRM 系统是企业顾客管理、个性化服务、营销设计的关键。企业需要建立详细的会员信息库，包括消费者性别、年龄、职业、月平均收入、性格偏好、受教育程度、居住范围等，还要包括消费记录信息，将会员此次消费商品的品牌、型号、价格、数量、消费时间等信息都记录下来，为企业以后的增值服务提供可靠的信息。企业也可以根据会员消费者的消费历史记录进行分析，得出每位消费者不同的消费偏好，以及根据消费者消费时间的记录，分析消费者消费某一商品的周期。由此企业可以在合适的时间给会员消费者寄去符合其消费个性的商品目录进行非常有效的广告宣传，或者直接在合适的时间将某种商品送到合适的会员消费者手中。这样可以让消费者感觉到企业时时刻刻都在关心消费者，真正建立起消费者与企业之间的感情。

同时这些数据库也是我们企业进行新品开发、广告策划、营销策划、客户分析的关键依据。

6. 战略联盟，升级会员体系

现在激烈竞争的市场不再是你争我抢，而是已经进入了共享和合作时代。连锁不就是最好的例子吗？当初很多连锁店要求一个城市就一个，后来发现一个城市只要不超过商圈，不行成内部竞争，几个连锁店并存，生意不仅仅不受影响，反而都有提升，这就与店铺间资源共享完全分不开。

连锁超市具有品牌共享和网络共享的优势，连锁品牌全国会员可以享受"总部服务＋单店服务"的结构模式，总部会员中心统一做大型活动，单店做常规辅助性增值服务；连锁品牌会员卡应该全国通用，全国联网的单店也可以实行会员储值卡消费共享，总部统一进行月结算即可。这种便利性的增值服务是非连锁企业不具有的，属于核心会员优势。

另外，现在消费者手中拥有多种名目的会员卡，给消费者的消费其实带来了很多不便之处，可以将不同行业的企业的会员卡合并起来，为会员提供服务。会员只要是其中一家企业的会员，就可以凭会员卡在不同行业的指定公司享受会员服务。这样做，一来方便会员，二来减少企业会员投资，三来扩宽会员资源。合并会员卡系统，可以非常方便地使多个企业共享市场、共享消费者。多个企业发展客户比起一个企业发展客户来说要全面，企业可以拥有更多的潜在消费群体的相关信息。合并会员卡系统，可以非常方便地使会员在不同的企业享受会员待遇，而且可以接受多个企业的全方位的、人性化的服务或帮助。消费者可以非常轻松地完成相关联的一系列消费活动，同时拥有一个好的心情。

11.5 会员营销的策略

零售企业实施会员制营销，对消费者最大的吸引力就在于有独特的商品、超值的服务和有一种身份和地位的象征。针对现在各零售企业经营商品雷同、价格无差异、服务无差异、会员与非会员身份也没有明显差别的情况，应采取图11-8所示的策略来发挥会员制的优势。

1 不断挖掘会员信息中的价值，为商场会员制营销策略服务

2 制定有吸引力的消费奖励机制，对会员实行多种优惠

3 提供针对会员的特别服务，不断提升会员卡的附加价值

4 进行差异化经营与定位，培育自己在某个大品类方面的核心竞争力及优势

图 11-8 会员营销的策略

11.5.1 不断挖掘会员信息中的价值，为商场会员制营销策略服务

会员制营销的作用之一就是对消费者信息的收集，现代市场竞争，谁先充分

掌握了市场和消费者准确信息，谁就掌握了这场战争中的主动权，加大了获胜的筹码。零售企业实施会员制营销，有机会收集到大量的消费者一手资料，包括入会时消费者填写的性别、年龄、地址、月平收入、性格偏好、受教育程度、职业等，以及消费者在购物时，消费商品的品牌、型号、价格、数量、消费时间等信息。这些信息对决策层针对消费者进行分析以及提供对消费者有效的增值服务都具有指导性作用。同时，企业可以对这些信息分析、整理、挖掘，向会员提供全方位的服务，对会员实施个性化、人性化的管理，最大程度地满足会员的需求。

11.5.2 制定有吸引力的消费奖励机制，对会员实行多种优惠

会员卡积分通常都是为了获得相应的赠品或是转换成购物券，然而这些赠品往往价值低，如一斤鸡蛋、一袋洗衣粉等，而获得这些微不足道的赠品，客户却需要消费三位数以上，甚至更多。而会员与会员之间也没有任何区别，所享受的折扣和积分规则完全一样。

因此，零售企业首先就应该根据消费者的消费金额按 ABC 进行高度细分，对不同的客户在积分规则、积分的礼品、购物享受的折扣方面区别对待，消费金额越多、越持久的客户越应该享受更多的优惠。

同时，为会员提供以下多重优惠。

（1）当会员持卡购物时，对于商场中已经打折的商品可以用会员卡在此基础上进行二次折扣。

（2）推出卡友独享优惠，即专门的会员价和会员日优惠，只有持卡会员才能享有；推出会员专属商品优惠，挑选一些有吸引力的商品，只有持卡会员才能以低价购买这些商品。

只要消费者不断在商场消费就可以让会员卡升级，就可以获得更大的折扣优势和积分优势，就可以享有更多的优惠，就会刺激消费者不断消费，这对商场和消费者都有利益。商场也会因此而留住自己的忠诚客户，真正积累自己的客户资源。

11.5.3 提供针对会员的特别服务，不断提升会员卡的附加价值

随着消费水平的提高，消费者的消费观念也发生了很大的变化，他们消费的需求已经不再仅仅是以最低的价格买到尽可能好的商品，而是希望消费过程中得到企业的尊重、认可，获得更加个性化、更加舒适的服务，更好地享受购物过程带来的乐趣，以达到心理上的满足。对于会员，这种观念也更加明显，他们需要

在购物时得到商场对他们更好的、与非会员有明显区别的服务和特别待遇，在心里感受到自己作为会员的尊贵感。

（1）商场应该提高总体的服务水平，对员工进行培训，员工要做到态度良好、行为规范、提供服务高效，这是一切工作的前提，不应该只看到利益而忽视对服务水平的提升。高水平的服务，不管对一般消费者还是会员消费者都非常重要。

（2）商场内设置专门的会员休息区，由专职人员管理，提供茶水、报纸杂志、电脑、沙发等，拥有会员卡的会员消费者可以出示会员卡到休息区中休息以缓解购物疲劳。

（3）商场收银处设立一定数量的会员专用收银台，当节假日有较多消费者排队结账时，会员消费者可以到会员专用收银台结账，使会员减少排队等待的时间。

（4）消费者需要的商品类型或型号目前商场没有时，会员消费者可以对商品进行优先订货。

（5）对驾车购物的会员消费者，凭会员卡，享有优先及免费使用车位的权利，同时商场为会员消费者提供低价格的洗车服务。

（6）组织各种形式的专题俱乐部，为不同俱乐部成员开展各种活动，比如旅游、徒步等，为不同俱乐部成员刊登他们最感兴趣的促销信息。零售企业通过各种联谊活动和交流活动，大大增加了与顾客的情感联系。

11.5.4　进行差异化经营与定位，培育自己在某个大品类方面的核心竞争力及优势

通过调查发现，会员卡对消费者失去吸引力一个重要的原因就是各零售企业之间经营的商品都大同小异，在这个商场能买到的商品，在别的商场也能买到。随处可见的商场，相差无几的价格，大同小异的商品使会员感觉只不过是换个环境购物，并没有特殊的商品和服务能真正吸引他们忠诚于某个商场。

因此，零售企业应加强对商品的管理，提供同类竞争商场没有的、对消费者真正有吸引力的商品，大力引进品质好、价格优的商品；同时，可以邀请有代表性的会员，参加产品的设计或者商品的引进讨论，这样一来，零售企业的商品引进计划才能更加符合目标消费者的需求，也让会员能够产生信赖和归属感；零售企业还应加大自有品牌商品开发力度，自有品牌商品是零售企业提高自身竞争力的有效手段，也是吸引会员消费的有力武器。

下面提供一份××商场会员营销活动方案的范本，仅供参考。

【范本】

××商场"你若常来，便是晴天"会员专场营销策划方案

一、策划思路

3月8日妇女节过后，传统零售进入了上半年的销售淡季，需要通过"造节"的形式刺激顾客消费。会员作为实体店经营中重要的一部分，是带动重复消费的重要群体，对其营销也应该有所侧重。

二、营销目的

通过大力度的商品活动，回馈顾客；以"感恩"之名，回馈会员；通过提升体验，吸引顾客回流；以独特的营销视角，创新的思路，在商圈中引起轰动，制造爆点，吸引公众目光，进而提销售。

三、活动主题

你若常来，便是晴天

四、活动时间

4月15日～4月18日（共4天）

五、营销前言

这是一场属于"VIP"的狂欢，你若是，带上会员卡；若不是，立即加入我们，期待与您一起狂欢！

六、营销策略

（一）主题：一声"会员"喜开颜

活动时间：4月15日～4月18日

活动内容：VIP盛典璀璨来袭！活动期间，会员持本人会员卡，即可参与"我是会员我最大"专场充值活动！充值100元送10元，充值500元送80元，充值1000元送200元！前所未有的力度，"厚惠"无期，只为礼遇"会员"的你！

活动规则：

1.充值金额送入会员卡内，本金充入会员"畅享卡"中。

2.每人每卡限充值1000元，名额送完即止。

3.畅享卡为会员盛典专用，不可在黄金、钟表、租赁专柜及团购中使用。

4.畅享卡为不记名卡种，需妥善保管，遗失不补。

5.畅享卡不设找赎、不兑换现金，使用完毕后由商场回收。

费用预估：30000元

（二）主题：积攒的爱，更有分量

活动时间：4月15日~4月18日

活动内容：购物小票，大有文章！活动期间，会员在百货区消费满280元或在超市区消费满70元，或在租赁专柜消费满588元，凭当天电脑小票即可获得♥一颗，筹集满3颗即可获得抽奖机会！100%中奖，飞利浦液晶电视、美的电冰箱、九阳豆浆机、鹰唛花生油等大奖等你抱回家！

活动规则：

1.本次活动仅限于会员朋友参与，现场办理会员卡亦可享受；

2.每张电脑小票获得♥的数量不设限，团购不参与活动；

3.抽奖以"刮刮卡"的形式进行，顾客自行在抽奖箱内抽取，自行刮开涂层；

4.奖品当场兑领，奖品兑完即止。

奖品明细：

特等奖1名：飞利浦32英寸液晶电视一台。

一等奖3名：美的电冰箱一台。

二等奖5名：九阳豆浆机一台。

三等奖15名：鹰唛花生油一桶。

四等奖50名：伊利纯牛奶一箱。

五等奖200名：维达卷纸一提。

优秀奖若干名：金罐加多宝一罐。

费用预估：25000元

（三）主题：199减99，"折"服全城

活动时间：4月15日~4月18日

活动内容：润物细无声，转眼又一春。蝶舞霓裳，你换装了吗？活动期间，百货区服饰类、穿戴类、床用区，每消费满199元立减99元（部分满299、399、499，详见专柜标示）！化妆品积分抵现活动不容错过，100积分=15元，200积分=30元，单笔消费满599元以上方可使用，每张小票最高限使用200积分！

活动规则：

1. 特价及团购不参与本次活动。

2. 积分抵现活动，会员需持本人会员卡参与。

3. 化妆品单笔满599以上方可使用积分抵现，每笔限抵30元。

费用预估：18000元

（四）主题：感恩礼宴，没你不欢

活动时间：4月15日~4月18日

活动内容：活动期间，在百货区消费满300元，或在超市区消费满80元，筹集到13人即可成团，每人便可以"翻牌"一次！每张牌对应的礼品均不同，100%有礼！这场盛宴，没你不欢哟！

活动规则：

1. 符合条件的会员顾客自行成团，满13人即可抽奖。

2. 会员在消费时需使用会员卡，否则不予参与本次活动。

3. 翻到的扑克牌将获得对应的礼品一份，当场兑领。

4. 黄金、钟表、数码、配套专柜、烟酒、家电和团购不参与。

扑克牌对应礼品明细具体如下表。

扑克牌	礼品	扑克牌	礼品
A	伊利安慕希希腊酸奶一箱	7	樱雪沐浴露一瓶
K	蓝月亮3千克洗衣液一瓶	6	椰树1000毫升椰子汁一盒
Q	旭光保温杯一个	5	立白洗洁精一瓶
J	天堂伞一把	4	厨邦酱油一瓶
10	乐扣乐扣保温碗一个	3	泰奇八宝粥一罐
9	加多宝六连罐一组	2	康师傅冰红茶一瓶
8	洁柔蝴蝶卷纸一提		

费用预估：15000元

（五）主题：为爱减价，会员专属

活动时间：4月15日~4月18日

活动内容：活动期间，超市区3元、6元、9元"均一价"劲爆来袭！

"会员价+均一价",抢到就是赚到!会员在超市区单笔消费满98元,加3元、6元、9元亦可参与超值换购活动!礼品限量5000份,换完即止!

活动规则:

1.会员在消费时需使用会员卡,否则无法享受本次优惠。

2.每张电脑小票仅限换购一种礼品,不可兼得。

3.换购活动烟酒、家电、租赁专柜及团购不参与。

换购礼品明细:

加3元换:维达抽纸一提。

加6元换:浪奇洗衣液一袋。

加9元换:伊利优酸乳六连包一组。

费用预估:9800元

(六)主题:××支付,刷的是格调

活动时间:4月15日~4月18日

活动内容:专属您的节日,必有惊喜!活动期间,使用××支付即可享受免单活动,也就是将获得"0"元购物的机会!其实,使用××支付,你刷的不是钱,而是一种个性和格调!

活动规则:

1.活动结束后,工作人员将从所有使用××支付的小票中随机抽取10名幸运儿。

2.幸运儿将获得免单机会,所消费的金额将以购物卡形式全额返还。

3.名单出炉后,工作人员将通过客服热线通知顾客。

4.请妥善保管好小票,凭电脑小票兑换礼品。

费用预估:5000元

(七)主题:插花DIY,扮出你的高度

报名时间:4月15日~4月17日12:00

活动时间:4月17日15:00

报名条件:会员女性,凭当天购物小票,限30人,额满即止

活动内容:花,在自然界总能灿烂夺目。人们说,懂得插花的人,都有一颗豁达的心。活动期间,会员女性在百货区单笔消费满280元,或在超市区消费满80元,即可到服务台报名参与"插花DIY"活动。4月17日15:00,

让我们以"花"会友,扮出生活的新高度!

活动流程:

1. 14:30～14:50用微信签到,没有关注××××微信公众号的,现场关注并完成签到。

2. 14:50～14:55享用自助下午茶,免费品尝点心、水果、饮料,自由交谈。

3. 15:00活动正式开始,主持人宣读比赛规则。

4. 15:50～16:20,由专业插花老师现场授课,介绍插花技巧。

5. 16:30自由交流,合影留念。

比赛规则:

1.选手需在30分钟内完成不少于15株花束的作品。

2.选用既定品种和款式自行搭配。

3.制作时请勿浪费花束,注意台面卫生。

4.活动结束,由评审团投票评选出冠亚季军和优秀奖。

费用预估:8000元

(八)主题:一谏千金,谏言有奖

活动时间:4月15日～4月18日

活动内容:有你,我们才能走得更远!活动期间,如果您对我们有好的建议或意见,写下来投到抽奖箱中,我们将认真阅读并及时调整或行动。同时,我们最后从所有"谏言"中评选出前十名,一谏千金,回馈您对我们的关注和信赖!

活动规则:

1.谏言包括:服务、经营品类、动线、价格等方面。

2.活动结束后评选出十条最有价值的谏言进行奖励。

费用预算:4500元

七、活动分工

1.百货营运:负责百货区活动落地对接及跟进。

2.超市区:负责活动落实执行,做好赠品领用。

3.财务部:负责现金券制作及督导派发过程的整个环节,包括回收、备案。

4. 市场部：负责方案落实及及时反馈结果，与营运部做好交接、反馈。

5. 行政部：负责赠品的采购，需提前2天到位。

6. 客服部：负责积分兑换、现金券发放、做好广播宣传推广。

7. 信息部：做好超市折扣、满减等活动价格维护。

8. 美陈部：做好所有活动物料安装及活动地点装饰，活动拍照留念等。

9. 店务办：活动前动员及督导，确保全店宣传口径统一。

10. IT部：负责微信公众平台的后台管理及活动信息推广，与官网及论坛同步。

八、宣传推广

传统报纸：《××日报》普通版头版广告推广。

电梯框架：商圈1.5公里范围内精选楼盘投放电梯框架广告。

巡游车：租用3辆，进行2天周边商圈巡游推广。

常规物料：巨幅1块，展板6块，画架4块，X展架12个，A3大小的POP35个，主题方牌1000块，吊旗800面，货架插条20根，三角牌15个，举牌10个，收银台围挡20块，大门口拱门2个。

DM彩页：A3双面，30000份，7200元。

空飘：6个，置于大门口。

店内广播：店内客服录音。

官方微信：官方微信推广。

官方微博：官方微博推广。

BBS：社区软文、贴吧推广。

会员短信：20000条，精选半年内有消费记录会员。

11.6 打造会员日

会员绝对是品牌力争的核心资源。通过打造会员日吸引客流和提升会员的品牌忠诚度，成为了商家提升营销力的强有力手段。中国消费者消费观念日趋成熟，价格不再是唯一考量，越来越多的人愈发关注商品品质和个性化服务，这也给"付费会员经济"提供了发展契机。

相关链接

家乐福"随时会员日"权益升级

早在2020年3月,家乐福便宣布将每月9日定为"随时会员日",并不断升级随时会员的专属权益,建立全新"好省"的品牌标签,为消费者提供更高品质、更优价格、更好的购物体验。自3月"随时会员日"首秀以来,家乐福凭借其丰富、贴心的会员权益,吸引了大批用户"路"转"粉",体现了付费会员市场的巨大潜力。

2020年6月9日,家乐福"随时会员日"再度来袭,一如既往的甄选优质商品以及重磅惠民折扣,助力消费者畅快"剁手"。值得注意的是,宠粉有加的家乐福对随时会员日进行了再次升级,额外加投1亿元民生补贴,增加多款线上、线下的超值福利,联合众多一线大牌推出"品牌巨惠",为随时会员送上"折上再8折"的专属折扣,力保家乐福随时会员可在"618"购物的道路上"抢占先机"。

在消费升级的大浪潮下,家乐福利用自身优势不断提升"商品力",密切关注整体消费趋势的同时,不断增加质优价廉的民生商品及网红商品的占比。此次会员日,家乐福围绕季节特性,针对不同人群的各色消费需求,精选了上百款必买爆品。例如:佳沛奇异果(10粒装)仅售39.92元;新鲜黄瓜2.4元一斤;优质黄鱼7.82元一条;冻鲜鸡胸一斤仅售6.88元。

此外,家乐福"随时会员"权益覆盖苏宁全产业生态链,除每月可领取两张4元无门槛现金抵用券外,还可享受家电清洗、家政服务等生活类服务专属折扣,如保洁洗护服务95折优惠券(最高可减50元)、清洗服务85折优惠券(最高可减35元)等,每年最高可省下3816元。

第12章
服务营销

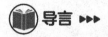

当前,零售企业竞争的焦点已转向了服务方面。服务具有无形性、同时性、差异性、可变性和易逝性等特点,是不可触摸和难以模仿的东西,已经成为零售企业塑造企业形象、区别于竞争对手、赢得顾客的最重要的途径。

12.1 什么是服务营销

服务营销是指商场（超市）在充分认识顾客需求的前提下，以顾客导向为理念，通过相互交换和承诺以及与顾客建立互动关系来满足顾客对服务过程消费的需求。它脱胎于市场营销，进一步丰富和拓展了市场营销的内容，是要在建立顾客服务系统、培养顾客忠诚度、加强服务人员内部管理和服务过程管理上进行全面的营销。

传统的4P营销组合也从服务意义上被扩展为服务营销7P组合，具体如图12-1所示。

图12-1　服务营销7P组合

12.2 服务营销的关键点

服务营销是一种通过关注顾客，进而提供服务，最终实现有利的交换的营销手段，其核心理念是顾客满意和顾客忠诚。服务营销的三个关键点如图12-2所示。

图12-2　服务营销的关键点

12.3 服务营销的起点

顾客是企业的立足之本、生命之源，企业要赢得顾客，必须了解顾客。在竞争日益激烈的市场环境中，不了解顾客就盲目进行营销，营销就会像无头的苍蝇、迷失航向的海船一样失去方向，不可能收到好的效果。

了解顾客，关键是了解顾客的需求。由于顾客有各种各样的类型，受个性、心理、经验、知识、年龄、性别、购买能力、环境等因素的影响，不同的顾客会有不同的需求。有的注重价格，有的注重价值，有的注重质量，有的注重款式，有的注重功能，有的注重档次……任何一个企业，都不可能提供能满足市场上所有顾客的服务。企业只有进行充分调查，在了解顾客需求的基础上确定目标顾客，有针对性地开展服务，才有机会争取到顾客。

相关链接

顾客有哪些需求

1. 需要、欲望、需求

人类的生存和发展，离不开食物、衣服、住所、安全感、归属感、尊重感以及其他的一些东西，当这些东西得不到满足时，人的内心就会产生一定的得到愿望。需要就是指这些东西没有得到基本满足时内心的强烈感受。人的需要是与生俱来的，每个人都有这些需要。美国著名心理学家亚伯拉罕·马斯洛将人的需要划分为五个层次，由低到高、由先到后依次排列为：生理需要、安全需要、社交需要、尊重需要、自我实现需要。他认为：每个人都有这五项需要，一般情况下，只有低层次的需要得到基本满足时，高一层次的需要才成为人的追求目标。

欲望是指人们想得到这些基本需要的具体满足物的愿望。不同背景下的顾客的欲望是不同的，例如有些人的欲望是大米，有些人的欲望是猪肉，有些人的欲望是鲈鱼。人类的需要并不多，但欲望却是无穷的。

需求是指顾客对有能力购买且愿意购买的某个具体商品的欲望。当顾客具有购买能力时，欲望就转化成了需求。"有能力"和"愿意"是顾客需求的两个重要条件，其中"有能力"是企业无法改变的，而"愿意"则是企业可

以通过努力去改变的。

2. 效用、价格、价值

效用是指商品的功效和作用。顾客在购买某一商品时，首先考虑的就是商品的效用，没有人会去花钱买一个对自己没有功效、没有作用的商品。所以，商品的质量、功能、款式、种类是任何一个企业都不能忽视的问题。

除了效用，价格也是决定顾客购买行为的关键因素之一。人的购买能力是有限的，每个人的购买能力也不尽相同，而且人都会希望能用尽可能低的价格买到尽可能好的商品，所以，价格也是很多人选购商品的关键因素。

由于人们生活水平的不断提高，消费观念的不断进步，一部分顾客在选购商品时已不单单只注重商品表面的价格，而是会追求商品效用的最大化。价格和效用的对比结果，就是商品的价值。对于有一定购买能力并且较为理智的顾客来说，他们在购买商品时，往往会更注重商品的价值。

12.4 服务营销的重点

随着社会的进步，消费观念的成熟，竞争的日益激烈，企业要想长久生存、长远发展，必须长期赢得顾客、赢得长期顾客。要想长期赢得顾客、赢得长期顾客，必须创造顾客满意。要创造顾客满意，企业不但要比竞争对手更了解顾客，同时还要更了解顾客满意的发生机制，即顾客为什么会满意、如何才能最大限度地使顾客满意。只有在深入了解顾客满意发生机制的基础上，进一步实施顾客满意策略，营销才能超越竞争对手、取得关键性的成功。

12.4.1 满足顾客的消费自主性

现在的顾客在购物或消费时，不仅会根据价格、质量、服务水平、购物环境等方面来评价商家提供的产品与服务，同时也会根据自己在购物或消费过程中是否得到充分的理解和尊重，行使应有的"自主消费、自愿消费"的权利，也就是消费自主性大小来判断获得的满意度多少。

那么，商场（超市）应该如何满足顾客消费自主性、提升顾客满意度，从而做好服务营销呢？具体措施如图12-3所示。

（1）不要说得太多，要让顾客自主思考。很多导购员习惯在顾客浏览商品的过程中不停向其推销产品，可以说到了"喋喋不休"的地步，丝毫不考虑给顾

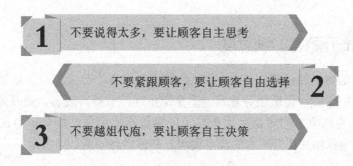

图12-3　满足顾客消费自主性的措施

客自主思考的空间。这对那些购买目标已经明确或比较在乎自己的想法和考虑的顾客来说，几乎是难以忍受的，难怪他们会产生厌烦的心理，甚至迅速"逃离"。所以导购员的"热心服务"要适当，做到图12-4所示的几点。

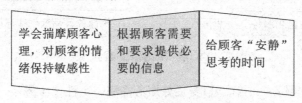

图12-4　让顾客自主思考的注意事项

（2）不要紧跟顾客，要让顾客自由选择。这也是一个常见的现象，当顾客刚迈入店门或走近售货地点的一刻起，直至顾客浏览、选择完商品的整个过程，导购员就几乎时时伴其左右。这是让很多顾客反感和不满的事。尤其是对一些本着消遣、放松的目的来购物的顾客来说，能不能自由、"独立"地享受欣赏、选择各式商品是其体验消费自主性、产生满意感的重要来源。

（3）不要越俎代庖，要让顾客自主决策。导购人员必须始终明确且牢记的一点是，顾客是整个购买过程的主角，虽然担负着引导顾客消费的任务，但顾客依然希望最终的购买决定由自己作出，应注意图12-5所示的几点。

1. 当顾客犹豫不决时，在不引发其反感的前提下，导购员可以适时加以解说和引导
2. 不能过度夸大甚至谎称产品性能或者罔顾顾客的意愿，"强制性"干扰顾客决策过程
3. 应该站在顾客的角度，设身处地地帮助其作出合适的决定

图12-5　让顾客自主决策的注意事项

12.4.2 提升顾客的满意度

在当前的市场经济形势下,"卖产品就是卖服务"已成为众多零售企业的共识。对于他们来讲,优质服务就是一面金字招牌,是赢得顾客、提升效益、增强竞争力的重要法宝。同等商品比价格,同等价格比服务,同等服务比满意。那么,商场超市该如何提升顾客的满意度呢?具体措施如图12-6所示。

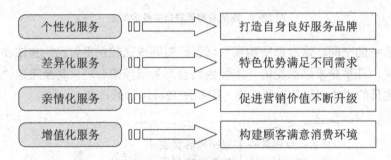

图12-6 提升顾客满意度的措施

(1)个性化服务——打造自身良好服务品牌。个性化服务是一种有针对性的服务方式。其打破了传统的被动服务模式,能够充分利用各种资源优势,主动开展以满足用户个性化需求为目的的全方位服务,其不仅体现了商家以人为本的经营理念,而且能够与顾客之间建立起良好的合作伙伴关系,树立自己的服务品牌,提高顾客的忠诚度,进而达到赢取市场、赢得客户的目的。

比如,"××烟酒超市"是××辖区最大的一家烟酒专卖店。2015年6月,该店铺对店堂布局进行了改造,在位于储藏室的过门处隔出了一间小屋,配备了网络和两台电脑,并由两名营销人员在此专属办公。在有些人看来,这两名营销人员整天无所事事,不是上网就是QQ聊天。其实不然,这是该店铺推出的一项个性化服务措施。他们在电脑上建立了"顾客交流QQ群",根据新老顾客留下的相关信息,诚恳邀请顾客加入群内。为了鼓励更多的消费者加入该群,他们还采取了"进群就送礼"的方式,为每一位初次进群的消费者赠送保温茶杯和打火机。

据店铺老板介绍,他们建立顾客QQ群的目的主要如图12-7所示。

自建立QQ群、推行这一个性化服务措施后,该店铺的经营效益较往年增长了14%,有效地促进了店铺的销售。

(2)差异化服务——特色优势满足不同需求。随着社会的发展进步,社会公众的消费观念和消费方式都发生了巨大变化,他们对商家的服务要求越高,越来越多样化。面对众口难调、形色各异的消费者,零售商家如何赢得每一位消费

加强与消费者的即时沟通,随时随地了解顾客在卷烟销售、营销服务等方面的需求和建议,进而更好地改进营销服务工作

 突出产品宣传,每当店铺购进新的卷烟品牌或者其他新商品,他们就会利用QQ群向消费者及时传递相关信息,如产品产地、零售价格、口味特征、包装特色、品牌文化等,并经常上传一些视频到群里,图文并茂、形象生动地向消费者传递商品信息

 开展消费调查。通过调查问卷的方式,征求消费者对卷烟品牌的需求,然后依据消费者的反馈情况组织购进相关卷烟品牌,这样既保证了适销对路,促进了卷烟动销,保证了资金周转,而且满足了消费者,达到了顾客满意,增强了顾客依赖

4 拉近了与顾客之间的情感距离,扩充了店铺人脉,聚集了店铺人气,实现了店铺的良性运转

图12-7 建立QQ群的主要目的

者的芳心呢?答案很简单,那就是运用"差异化服务"为顾客量身打造符合其口味、爱好、需求,且有别于竞争对手的服务,这既是提升经营效益的有效手段,也是战胜竞争对手一种做法。

比如,××购物商城自2008年开张以来,该店铺的生意就一直非常红火,不但在本地周边县市有着多个分店,而且还涉足了其他产业。该店铺之所以能够长久不衰、蒸蒸日上,关键在于他们很好地运用了差异化服务。

① 形象服务的差异化。商城自开业以来,就把"关注您的需求,关注您的满意,关注您的一切"作为对消费者的承诺,无论是在售前、售中还是在售后服务,方方面面、点点滴滴都突出了该商城无微不至的服务形象。日常经营中,他们通过商场超市网站、开展经理接待日、客户座谈会、供货商见面会等,积极搭建沟通平台,并通过坚持形成自己独有的服务品牌。

② 商品服务的差异化。为了让消费者吃上"放心菜",他们承包了当地几个村庄的蔬菜基地,实行公开透明的无公害蔬菜种植。在蔬菜种植各个环节,他们都会邀请一些消费者代表到现场监督,并主动征求他们的建议和意见。

③ 营销服务的差异化。每当商城购进新品食品时,他们都会自行举办新品品尝会。针对处于城市中的企事业单位,他们通常采用发函的方式邀请相关人员参加,这样做既不会打扰客户的工作,而且显示了对客户的尊重,让其感到"倍有面子";而针对城郊和农村的工业厂矿,他们则采取送上门品尝的方式,一来是为了体谅这些客户路途遥远,交通不便;二来是表达自己的真诚,用真诚

去感化客户、赢得合作。

（3）亲情化服务——促进营销价值不断升级。亲情化服务是情感营销的范畴，它是通过以情感来打动顾客进而实现产品销售的一种服务模式。亲情化服务不受时间、地点和服务对象限制，其特点如图12-8所示。

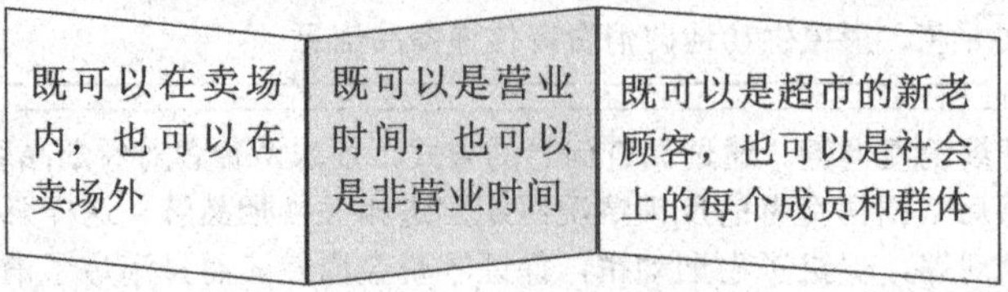

| 既可以在卖场内，也可以在卖场外 | 既可以是营业时间，也可以是非营业时间 | 既可以是超市的新老顾客，也可以是社会上的每个成员和群体 |

图12-8　亲情化服务的特点

亲情化服务的价值在于，能够与顾客建立融洽和谐的合作关系，促进店铺营销服务的升级，增强店铺的核心竞争力。具体措施如图12-9所示。

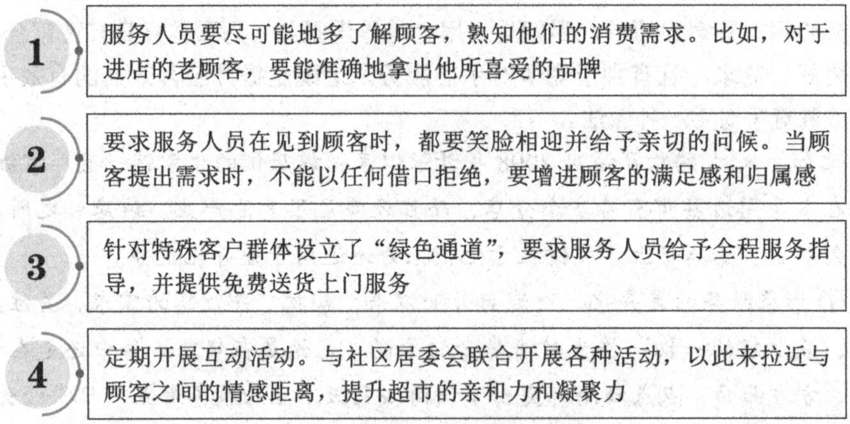

1. 服务人员要尽可能地多了解顾客，熟知他们的消费需求。比如，对于进店的老顾客，要能准确地拿出他所喜爱的品牌

2. 要求服务人员在见到顾客时，都要笑脸相迎并给予亲切的问候。当顾客提出需求时，不能以任何借口拒绝，要增进顾客的满足感和归属感

3. 针对特殊客户群体设立了"绿色通道"，要求服务人员给予全程服务指导，并提供免费送货上门服务

4. 定期开展互动活动。与社区居委会联合开展各种活动，以此来拉近与顾客之间的情感距离，提升超市的亲和力和凝聚力

图12-9　亲情化服务的措施

（4）增值化服务——构建顾客满意消费环境。增值化服务也被称之为"特色服务"，是指商家在保证基本服务的同时，采取的超出常规的服务措施，是个性化、差异化、亲情化服务的拓展和外延。

比如，商场（超市）免费帮助居民代订牛奶、代收报刊快递、代缴水电煤气费用等。为了更好地服务小区居民，还可在店铺门口摆放打气筒、充电宝、雨伞等，供那些路过的居民无偿使用。

增值化服务可以结合营销活动，也可以跳出营销来开展。通过增值化服务，可以带来图12-10所示的好处。

图 12-10　增值化服务带来的好处

12.5　服务营销的提升

深切融入细微之处并且超越顾客期望的服务，不仅能树立商场（超市）良好的品牌形象，还能对顾客满意产生巨大的辐射和带动作用。因此，商场（超市）应注重服务细节，改善服务质量，具体可从图12-11所示的两个措施入手。

推行全面细致、周到体贴、朋友式、亲情化、以人为主的服务，提高员工服务积极性和主动性，力求超越顾客期望

制定更加细致的服务规范，将切合顾客需要的好构思都转变成所有员工都必须履行和遵守的稳定的规章制度，在整个组织倡导服务质量观念，培养起诚信和责任意识，以实际行动对商品质量承担起责任

图 12-11　改善服务质量的措施

部分超市服务细节缺少人性化

随着人们生活水平不断提高，超市的服务细节也应该逐步完善。《超市购物环境标准》（以下简称《标准》）的实施，对于提高超市的经营管理水平和服务水平，满足顾客的购物需求，保护消费者的合法权益有着重要意义。

超市应该站在消费者的角度，多为消费者着想，尽可能地提升人性化服务。

下面介绍几点部分超市细节服务的不足之处。

1. 食品卫生有待提高

《标准》明确规定，熟食和面点的销售人员应戴一次性口罩、帽子和一次性手套，上岗前要在专用洗手池洗手。但是在各大超市，熟食和面点的销售人员只戴口罩和帽子，却不戴一次性手套的情况非常普遍，对此，有的超市表示，不戴一次性手套是销售人员的疏忽；有的则表示，销售人员都是用夹子夹食物，不会用手直接接触，所以不要求戴手套。

此外《标准》明确规定，畜禽类肉品应采用托盘陈列，不能直接摆在冰块上，以免融化后的冰水影响肉质。部分超市虽然在鸡肉和冰块间铺了层隔垫，但网状的塑料隔垫并不能阻止鸡肉和冰块的接触，而且由于隔垫的面积不能完全覆盖冰面，一部分鸡肉实际就直接放在了冰块上。有的超市生鲜区甚至直接将食物放在冰块上。

2. 推车不让进停车场

多家大型超市都有推车不让推进停车场的情况。例如一家大型超市，在出口与停车场的连接处设置了路障，不允许将推车推进停车场。对此一名工作人员解释："停车场太大，购物车被推到各个角落，影响交通，很难管理。"在另一家超市内，手推车别说进停车场了，连超市都不允许出去。

3. 超市内难寻卫生间

尽管所有超市都设有客用卫生间，但考虑到种种因素，有很多超市均将其安排在了卖场之外。《标准》规定，1000平方米以上的店铺，应设有客用卫生间、广播室和客用电话设施。虽然大部分卫生间距离出入口很近，但对于内急或者独自来购物的消费者来说仍有许多不便。

4. 标签与实物不符

有消费者这样反映：超市就是买东西方便，可是这样的服务却让我们不怎么放心。

比如，在各家大小不同的超市里，常常出现标签与商品不符的情况，最明显的就是面包类食品，形状不同、口味不同的面包包装袋上一律贴着"吐司面包"，而且在配料表上也都印着相同的配方。

5. 小车太少

如果细心留意的话，在商场（超市）很容易发现一些等待结账的顾客，手里推着大推车，可是所装的物品没有半车底。

问一位推车的顾客说:"您买这么少的东西,拿个筐不就装下了吗,推车多不方便啊?"顾客回答说:"我买的东西大部分是水果和饮料,数量是不多,可是重量却不轻,拿着筐挺沉的,可大车太不方便,要是有个小车就好了。"

6. 存包柜不够

超市是自选购物性质,很多超市是不允许顾客将体积较大的包及提袋带进卖场的,自动存包柜这时就发挥了很大作用,然而一些超市的存包柜损坏多日却不见维修。

比如,某超市自动柜的显示屏上,大部分显示着"满箱",个别的柜子上面贴着"此柜已坏,暂不能使用"字样的字条。一位女士见有人来取包了,她马上跑过去,等柜门一关,赶紧把硬币投了进去。问她:"超市允许带包进去的,为什么还把包存起来呢?买完东西还要来取,岂不是很麻烦。"她回答说:"我刚从邮局取了一个包裹,挺沉的,拿着它走来走去买东西不方便。只是超市存包柜太少了,抢不上。"

7. 没有供休息的椅子

一些大型的超市会有上下两层购物区,而且每层的面积都不小,把超市转个遍还真需要花上一段时间,况且还有不少老年人来这里购物。然而,在购物区内基本找不到可以休息的地方,只有在结账后来到出口处才可以找到长椅。

12.6　服务营销的精髓

山姆·沃尔顿曾有句名言:"对员工要像对待花园中的花草树木,需要用精神上的鼓励、职务晋升和优厚的待遇来浇灌他们,适时移植以保证最佳的搭配,必要时还要细心除去园内的杂草以利于他们的成长。"这句话道出了内部营销的精髓。具体来说,超市在开展内部营销活动中要特别注意图12-12所示几个方面的工作。

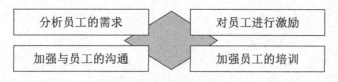

图12-12　内部营销的要点

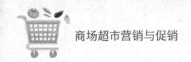

12.6.1 分析员工的需求

根据内部营销的理论，商场（超市）应该把内部员工看作其内部顾客，满足不同员工基本的人性需要是提高员工忠诚度的关键。按照马斯洛的需要层次理论，人类的需要分为由低到高的五个层次，即生理需要、安全需要、社会需要、尊重需要和自我实现需要。管理层应关注员工的多方面的需求满足。分析认识和把握员工的需求，需要组织运用营销调研技术，如访谈、问卷调查、实地观察等方法去深入地了解员工的需求。

12.6.2 加强与员工的沟通

员工可获得的信息的多少及其重要程度，不仅直接影响员工的工作绩效，而且会影响其对自己在商场（超市）中地位和重要性的评价。除此之外，员工的想法或问题能否得到回应与答复也会对员工的工作积极性产生极大的影响。

比如，沃尔玛就十分注重与员工平等沟通，实行"门户开放政策"，任何员工在任何时间、地点都有机会发言，都可以口头或书面形式与管理人员乃至总裁进行沟通，提出自己的建议和关心的事情，包括对不公平待遇的投诉。

12.6.3 对员工进行激励

激励是促使员工产生满意的动力。工作的成就感及认同感，工作本身的趣味性与挑战性等，都可以通过激励来实现。商场（超市）管理人员通过制定具体的、明确的目标，在公平的环境下，在员工自我努力向目标迈进的过程中，给予其一定的精神和物质奖励，这样会激励员工更加积极、主动地投入到工作中。

12.6.4 加强员工的培训

许多大型超市都十分重视员工的培训工作。

比如，沃尔玛与家乐福都坚信内训出人才。大型超市需要对员工进行系统性教育和培训，除了在言行举止等服务态度上的要求外，还应加强员工在业务知识、沟通技巧、分析问题等能力上的训练，提高员工的综合素质和服务能力。

第13章 节日促销

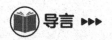 导言 ▶▶▶

节日促销,一直以来是企业、商家着力打造推出的重要营销手段之一。商场(超市)可以运用多种不同的促销模式,反复开展促销活动,并熟练运用优惠券、样品赠送、返还、以旧换新等多种工具,全面完善促销效果。

13.1 什么是节日促销

顾名思义,节日促销就是指在节日期间,利用消费者的节日消费心理,综合运用广告、公演、现场售卖等营销手段,进行的产品、品牌的推介活动,旨在提高产品的销售力,提升品牌形象。

> **相关链接**
>
> ### 节日的分类
>
> **1. 公众法定节假日**
>
> 如元旦、春节、清明节、劳动节、端午节、中秋节、国庆节等。
>
> **2. 部分公众节假日**
>
> 如妇女节、儿童节等。
>
> **3. 相关重要纪念节日**
>
> 如情人节、七夕节、母亲节、父亲节、教师节等。当然节日不同,推广活动也不同,比如七夕节、情人节绝对是男女之间浪漫的专利。
>
> **4. 民俗时令**
>
> 如重阳节、元宵节、腊八节等。
>
> **5. 其他**
>
> 如复活节、圣诞节、店庆日、促销季、美食节等。

13.2 节日促销的原则

一到下半年,中秋、国庆刚刚结束不久,又将迎来平安夜、圣诞节、元旦,以及中国人非常重视的春节,这一个又一个节日的到来,也成了商家们做促销的好时机,然而如果想要节日促销做得好,还得掌握一定的原则。具体如图13-1所示。

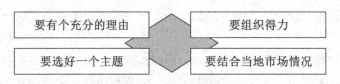

图 13-1　节日促销的原则

13.2.1　要有个充分的理由

在参与节日促销之前，必须要搞清楚为什么要进行促销。

比如，过年送礼在中国是民俗，所以好多产品可以推出礼品装。另外，一些平日里消费较大的奢侈品也适合在节日搞促销，这些奢侈品的促销计划和装扮，除了要迎合喜庆的文化氛围，还应该考虑到消费者的消费心理。设计的促销活动切不可只重表面出彩，更应该考虑活动能带来的实实在在的销量。

13.2.2　要选好一个主题

节日的促销主题设计有几个基本要求，具体如图13-2所示。

1	要有冲击力，让消费者看到后记忆深刻
2	要有吸引力或者令人产生兴趣，例如很多厂家用悬念主题吸引消费者继续探究
3	要简短、易记，一些主题长达十几个字或者更多，消费者难有精力理睬

图 13-2　节日的促销主题设计要求

13.2.3　要组织得力

节日促销的环境嘈杂、人多，因此组织实施更要有力。搞好节日促销，要事先准备充分，把各种因素考虑到，尤其是促销终端人员，必须经过培训指导，否则引起消费者不满，活动效果将会大打折扣。

13.2.4　要结合当地市场情况

商家要理性预测和控制投入产出比，切不可盲目跟随，挥金如土；要突出自己的优势和卖点。事实上，节日促销活动的计划，要因地制宜，这样才能取得好的效果。

很多商家是看到别的品牌在促销，自己也促销，这样被动地进行促销，并不能够保证生意的红火，往往还会带来亏损。如果想要促销生意做得好，只有把握了这些原则，才真正会对自己的事业有利。

13.3 节日促销的策略

现在节日的消费份额已经成为市场总消费份额中的重要组成部分，商场的管理者看中了这一片广阔的市场前景，将重点放在促进消费增长的任务上，在较大范围内获得了成功。同时，人们也在节日的促销中得到了优惠，双方形成了互惠互利的关系，是市场上的一种良性发展。商场（超市）在进行节日促销时，需要讲究一定的策略，具体如图13-3所示。

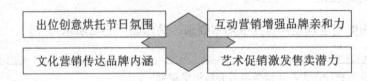

图13-3 节日促销的策略

13.3.1 出位创意烘托节日氛围

节日是欢乐的日子，商家应捕捉人们的节日消费心理，寓乐于销，制造热点，最终实现节日营销；要针对不同节日，塑造不同活动主题，把更多顾客吸引到自己的卖场来，营造现场气氛，实现节日销售目的。

13.3.2 文化营销传达品牌内涵

文化营销，要嫁接节日的文化，开展针对性的文化营销。我国的许多节日都有丰富的文化内涵，例如母亲节、七夕节、中秋节、端午节。为此，商场在节日促销时一定要把握住节日的文化内涵，充分挖掘和利用节日的文化内涵，并与自身经营理念和企业文化结合起来。这样不仅可以吸引众多的消费者，在给消费者享受的同时，还能带来良好的市场效益，树立良好的企业形象。

比如，七夕节可在卖场开展"情侣过三关"和"汤圆代表我的心"等活动。

13.3.3 互动营销增强品牌亲和力

生活水平的提高使消费者的需求开始由大众消费逐渐向个性消费转变,定制营销和个性服务成为新的需求热点,商家如能把握好这一趋势,做活节日市场也就不是难事了。

比如,深圳沃尔玛曾开辟先例,让顾客自己设计礼篮或提供不同型号的礼篮,由顾客挑选礼品,不限数量、品种、金额,这样既可迎合不同的消费需求,又可方便消费者掌握价格尺度。此法一经推出便受到消费者的欢迎,不仅大大增加了生鲜部的利润,也促进了其他部门的销售。

13.3.4 艺术促销激发售卖潜力

节日营销主角就是"价格战",广告战、促销战均是围绕价格战展开。能否搞好价格战是一门很深的学问,许多商家僵化地认为节日就是降价多销,其实这种做法就落进了促销的误区,结果往往是赔钱赚吆喝。

当然作为节日营销的惯用方法,诸如"全场特价""买×送×"的广告已司空见惯,这种千篇一律的营销方法对消费者的影响效果不大。因此,如果真要特价也要处理得当,讲究点创意和艺术,具体可参考"梯子价格"。

比如,第一天打九折,第二天打八折,根据具体情况,以此类推。这样消费者会有这样的心理:"我今天不买,明天就会被他人买走,还是先下手为强。"事实上,许多产品往往在第二时段或未经降价就被顾客买走了。因此"梯子价格"既能激活超市人气,又能延长促销的效果,拉动产品销售的黄金期。

13.4 节日促销活动策划的步骤

商场(超市)应针对不同节日的特点,事先做好活动策划工作,因为真正的成功往往只属于那些能准确地捕捉商机、有备而来的商家。商场(超市)可按图13-4所示的步骤做好节日促销活动策划。

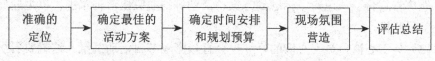

图13-4 节日促销活动策划的步骤

13.4.1 准确的定位

准确的定位主要表现在主题鲜明，明确是品牌形象宣传还是现场售卖，不要陷入"甩卖风""折价风"的促销误区。另外也需要了解竞争对手的动态，特别是在几个大的节日，竞争对手最新的促销意图，比如新品状况、折扣情况、赠品分派、新产品引进等。

13.4.2 确定最佳的活动方案

除了事前周密的计划和人员安排，还要有一个好的方案，才能发挥团队作战优势，团结一致，齐心协力地做好工作。具体要求如图13-5所示。

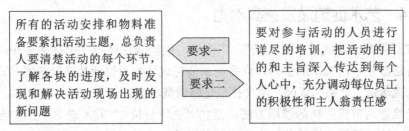

图13-5 确定活动方案的要求

13.4.3 确定时间安排和规划预算

再好的策划、再好的时机，如果没有完整准确的规划预算，届时产品不充足、促销品不到位、顾客该买的买不到、该拿的拿不到，也必定影响整体活动的效果。

13.4.4 现场氛围营造

节日活动气氛包括以下两部分。

（1）现场氛围。现场氛围包括气氛海报、POP张贴、装饰物品的布置、恰到好处的播音与音乐，这些将会在很大程度上刺激顾客的购买欲望。具体而言，做好主题广告宣传，从色彩、标题到方案、活动等均要突出节日氛围，以主题广告营造节日商机。

（2）员工心情。员工心情的好坏也会直接影响节日活动气氛。这就要看组织者是否能够调动员工的积极心态。其中最有效的方法就是制定一个恰当的任务与销售目标，活动结束后按照达成率情况进行奖赏。

13.4.5 评估总结

每次节日营销整体活动都需进行一番很好的评估总结，才能提升节日营销的品质和效果。

比如，本次活动销量情况、执行有效性、消费者评价比、同业反应概况等。

分析每次活动的优点和不足；总结成功之处，借鉴不足教训。评估总结的目的，就是为今后规避风险，获取更大的成功。

13.5 节日促销活动策划的细节

节日促销是营销的重要一环，中国人一向对重要的节日有着特殊的情怀，喜欢在节日的时候进行采购。所以，商家自然是充分利用消费者的节日消费心理这一点，逢节日必促销已经成了定律。一般来说，商家在策划节日促销活动时，需注意图13-6所示的细节。

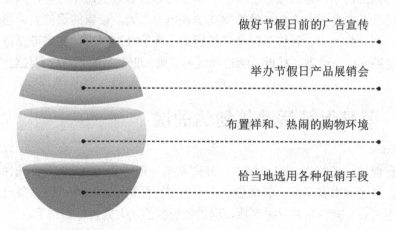

图13-6　节日促销活动策划的细节

13.5.1 做好节假日前的广告宣传

很多消费类产品，如家用电器、服装、酒类、食品等都具有节日消费观念，但这种节日消费并不只是短暂的一两天，而是在一段时期内均具有销售潜力。因此商场（超市）一定要事先发动前期的广告宣传攻势，引导消费者节假日的消费，促成销售旺势的形成。

13.5.2 举办节假日产品展销会

商场（超市）应选定合适的节假日，在商场门前或商场活动厅内举办产品展销会。展销会的形式要生动活泼、观赏性强、参与性强，这样才能吸引过往的顾客驻足观看。在产品介绍中穿插歌舞表演、时装表演等，进行现场有奖问答，让消费者在积极参与中了解产品、认知产品，激发购买兴趣。

13.5.3 布置祥和、热闹的购物环境

良好的购物环境与氛围也是促成购买决策形成的一个因素，商场应进行精心装扮，统一布局店面广告，使商品陈列整齐美观，独具匠心地使用装饰品，如气球、灯笼、彩旗、霓虹灯等，烘托出祥和、热闹的节假日气氛。

13.5.4 恰当地选用各种促销手段

节日前，顾客们都持币待购，货比三家，指盼着能在节假日里花最少的钱买到称心如意的商品，得到最好的服务。假日的销售总量虽比平时多，但也有一定限度。而且目前是买方市场，顾客挑选的余地非常大，谁家的优势大，顾客就会选择谁。这优势当中，价格是最敏感的因素。为了吸引顾客，商家可以协调厂商审慎地选用降价、优惠、打折、赠送等促销手段，把节日的销售做得红红火火。

13.6 节日促销活动策划的关键

节日促销活动好做，也不好做。好做是指一般不用为主题烦恼，很好确定；不好做，是指做出有新意、有特色、出彩的节日促销活动较难。因为节日的促销活动稍不留心，就容易感觉很平淡，因为你想到的，大家也都想到了。

如何能从"平"中见"奇"，如何策划出有新意的、有特色的节日促销活动呢？商场（超市）可以抓住图13-7所示的两个关键点。

图13-7 节日促销活动策划的关键

13.6.1 吃透节日的内涵

现在很多节日促销活动亮点不多,而千篇一律、似曾相识的很多,这有很大一个原因就是策划人对具体的每一个节日的"内涵"可能挖掘得不够深,了解的程度有限。

节日的内涵可以细分,具体如图13-8所示。

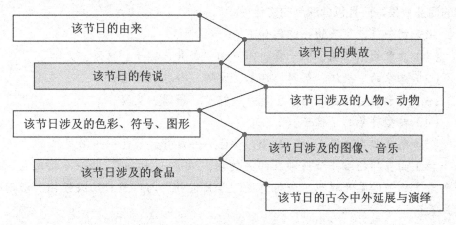

图13-8　节日的内涵

由图13-8可以看到,一个节日中涉及的内容很多很多,任何一个因素吃透后,作为策划时的创意,就足以让我们与别人不同。很多节日活动之所以平淡无奇,很多时候是因为我们只是把它当成了一个节日的抽象符号,事实上在该节日的后面隐藏着很多内容,我们没有去挖掘,只看到了表面的浮象,而没有看到下面的黄金钻石。

比如说圣诞节,很多商场都能做得比较到位,而且一年比一年好,为什么?因为随着社会的开放,大家了解的"圣诞节"的由来、知识、典故等信息越来越多,掌握的可用因素也越来越多,因此我们就可以做得越来越精彩,而不是简单地将圣诞老人、圣诞树往商场门口一放了之这种的原始状态了。同理,我们对有些节日策划起来为什么比较怵头,如复活节、万圣节、愚人节等,因为我们对这些节日本身就不熟悉,不知道它们是如何来的,不知道有关它的典故,不知道这些节日主要针对那些人,不知道这些节日涉及什么样的人物、动物、图形、符号、音乐。我们有这么多的不清楚、不知道,也就不可能将这档活动做得精彩、有新意。

13.6.2 围绕节日特点展开企划

找出节日促销活动容易平淡无奇的原因后,对商场(超市)而言,要想策划好节日促销活动,首先要对该节日要有充分的了解,并深挖该节日的内涵,将涉及该节日的一切信息、元素等进行收集、整理,为我所用。掌握的该节日的内涵信息越多,手里的策划"武器"就越多,突破点就越多,这样在策划时就有具体的突破口与发力点。

此时,再根据丰富多彩而又鲜活的节日信息,就会让我们的联想更加有针对性,使之"虽天马行空,但形散而神不散",做到让一档节日促销活动既有"显著的商业效果,而且包含深厚的文化内涵"。

比如端午节,涉及的关键词如下。

(1)具象的:屈原、伍子胥、汨罗江、龙舟、粽子、菖蒲、艾草。

(2)意象的:投江、祭奠、怀念、爱国、辟邪、民俗。

(3)符号的:屈原的图像、龙舟、粽子、菖蒲、艾草。

(4)典型符号的:粽子。

(5)色彩归类:绿色——粽子,黄色——龙舟,蓝色——汨罗江。

按上面罗列的端午节所涉及的关键词,从每一个名词、每一个信息点、每一个角度都可以展开联想,进行有关"节日促销"与"节日助兴促销"活动的有关策划。

例如:由粽子联想到包粽子比赛、包粽子DIY、粽子展销、南北粽子大荟萃;由龙舟联想到划龙舟比赛、龙舟摄影比赛趣味、儿童龙舟绘画展;由菖蒲、艾草联想到趣味知识告诉你菖蒲、艾草功用等。

有了众多的节日信息点和可利用元素后,策划与设计活动就可最大化地回避常见的策划雷同,避免节日活动的空洞化,将别人不为所知,或很少人所知的节日元素呈现,凸显出一个自我的有新意、有特点、出彩的节日促销活动。

节日促销活动策划需注意的问题

1. 节日的分类与"土""洋"之分

数一下日历牌,目前的节日之多可以说是眼花缭乱,面对这么多节日,一定要有所分类,这样才能让我们的工作有针对性。通常情况下,我们将节日进行如下区分。

(1)按时间顺序。以时间的先后顺序进行区分,一般建议策划者准备一份详细的"年度节日总表",这里面应该涵盖所有的古今中外节日,供自己检索与使用。

（2）按中国与外国之分。中国节日，主要指我国的传统节日和纪念日，如清明节、端午节、中秋节、建军节、中秋节、国庆节、春节、元宵节等。

外国节日，如情人节、愚人节、复活节、母亲节、父亲节、万圣节、圣诞节等。

（3）按重要性区分。按节日的重要程度可作以下分类。较重要节日：如劳动节、中秋节、国庆节、春节、妇女节、端午节、元宵节、母亲节、父亲节等。

一般性节日：如植树节等。

（4）按娱乐类节日与专业类节日区分。专业性节日：世界卫生日、世界地球日、全国爱眼日、国际护士节等。这些节日涉及较为专业，为某一个领域里的专业节日。

通常情况下，大家对一些我国传统的节日都比较熟悉，而对于一些近年来逐渐兴起的"洋节"似乎不是太熟悉，如复活节、万圣节等，因为吃不准，所以就不知策划从哪里入手。商家不是把该节日活动做得比较"肤浅"，就是将该节日活动做得"不伦不类"，成为一个"夹生饭"的活动。

对于卖场装饰、氛围营造这方面来说，对这些节日的"典型符号"如果都搞不明白，也就不可能设计出、装饰出节日特点鲜明、气氛浓烈的卖场装饰效果。

2. 节日营销节奏的把握

在一年的节假日中，有几个重要节日是紧密相连的，从商业企划角度来讲，放弃哪个节日都是不被市场允许的，如9月和10月的"中秋国庆档"促销，这两个中国人非常看重且重要的节日，往往是紧密相连的。对于顾客来讲，这样的节日属于"喜上加喜"，但对于商业活动策划者来说，却是一个"欢乐的烦恼"。因为常规情况下，中秋节与国庆节是按两个节日分别策划的，虽然都是重要的节日，但二者的节日由来、选择促销商品的类别、促销的受众还是有所不同的。每一个节日都需要精心策划，组织商品，组织人员，装饰卖场，宣传推广，耗费大量的人力、物力、财力，且活动结束后还需要进行人员休整与效果评估，然后再投入到下一档活动。但往往中秋节与国庆节紧密相连，中间只差几天，对于活动策划者来说，的确是一道难题，是分开做，还是连一起做呢？同样的问题还发生在12月到次年1月的"新春档"，从12月22日左右的冬至，到12月24日的圣诞平安夜，到12月25日的圣诞节，再到1月1日的元旦，以及1月下旬或2月上旬的春节，短短的两个月之内，多个节日连接排在一起,有的中间只隔了三四天时间。首先是这几个节日中哪一个都不能轻易放弃,但如果每一个节日都"平均使力"去做,无疑需要庞大的人力、物力、财力来支撑!

遇到这种情况我们应该如何来处理呢?这就需要我们把握节日营销"节奏"。我们知道音乐有节奏与曲调,有低音、有高音,低音与高音是相互的,一首美妙的音乐如果都是高音,或都是低音,没有节奏的变化与曲调的变化,肯定无法成为音乐;同理,节日再多、节日再都重要,也应该把它分类,把这些节日分出轻重缓急,整理出连环多节日的营销策划思路。

(1) 首先要评估自己手中的资源,资源包括:我手里有多少人可调配,有多少商品、赠品可支配,有多少企划费用可花销。

(2) 如果资源足够的丰沛,通常采用"大而全"的企划策略,即每个节日都不放过,一网打尽,每个节日全部都策划活动,但在策划活动中,应该突出主要节日,如"新春档"内的圣诞节、元旦、春节为主要节日,其他节日为辅助。

(3) 如果资源相对丰沛,通常建议采取"节日连做,以大带小"的企划策略,如"新春档"内可考虑圣诞节、元旦一起整体策划,两节连做,然后春节、元宵节一起整体策划,两节连做;然后中间的小节日简单策划,小节日策划不再投入过多人力、财力,可考虑"助兴式促销",这样在每档节日都做的情况下,做到人、财、物的合理利用。

(4) 如果资源比较紧张,通常建议采取"抓大放小"的企划策略,即只对重要的节日进行重点策划,而放弃(或基本放弃)小的节日策划,这样的目的是把最重要的资金、资源用在最需要的地方上,即"好钢用在刀刃上"。

3. 节日内涵的细分

前面我们已经讲了吃透节日的内涵是策划的首要关键前提,而节日内涵的细分是把营销活动做"精"、做出"彩"的必然环节与过程。如情人节、妇女节、母亲节,都是和女性有关的,在节日促销活动中有类似地方,如果我们对以上几个涉及女性的节日的内涵不能做到详细了解与细分,作出的企划促销活动就很可能较为雷同,节日的特点不明显,最终会影响到销售。

如果我们对情人节、妇女节、母亲节进行内涵细分,我们是否可以这样理解:妇女节的文化内涵更加深厚一些,它含有女性解放、女性独立的思想理念,同时妇女节在这3个节日中对女性的覆盖面应该是最广的;母亲节是一个"洋节",是一个舶来品,它的内涵是关心的、关爱的、温馨中带有浪漫的,它所对应的女性消费年龄层应该是15~80岁,即懂事理的儿女买给妈妈的礼物；情人节的内涵应该是最浪漫、最受年轻人欢迎的，它所对应的促销商品应该是 18～35 岁年轻人喜欢的商品。

通过以上节日内涵的深入细分，站在策划人的角度上，让我们对每一个节日所对应的受众、目标层、消费者都有一个细分，使我们准备促销的商品、促销的赠品更加有针对性，在保证节日促销热闹、红火、有新意、有特点的前提下，销售额会有一个良好的保障。

4. 其他

在策划节日的活动中，有关活动中商品、礼品的准备，活动人员的培训与安排，活动后的总结与评估和常规的企划活动没有太大差异性。

13.7 节日促销的实施

当下节日众多，商家可以按照不同节日要求，按顺序开展促销工作，从元旦、春节、母亲节、儿童节等，直到每年的圣诞节。

13.7.1 元旦促销

元旦是世界多数国家通称的"新年"，是一年开始的第一天。商场（超市）元旦促销应做好以下几项工作。

（1）通过举行猜灯谜活动吸引顾客参与到活动中，可以对猜中灯谜的顾客进行奖励。

（2）以礼品展的形式纪念新年，邀请各家供应商一起参与。

> **小提示**
>
> 元旦时，一般天气寒冷，商场（超市）可以特地开展保暖衣物等促销，如羽绒服、电热毯。

13.7.2 春节促销

春节是中国最富有特色的传统节日，春节一般指正月初一，是农历一年的第一天,又叫阴历年,俗称"过年"。但在民间,传统意义上的春节是指从腊月初八的腊祭或腊月二十三或二十四的祭灶,一直到正月十九,其中以除夕和正月初一为高潮。

商场(超市)春节促销应做好以下工作。

(1)春节是年货促销的好时机,商场(超市)应与各大年货供应商做好沟通,安排专职促销员入场销售年货,如果仁、曲奇饼等。

(2)将一些常见的礼品,如烟、酒等装入礼篮中,方便春节送礼。

(3)商场(超市)应准备春节专用的吉祥物品,如门联、对联、福字等,设置专门的区域进行促销,如图13-9。

图13-9　年货促销截图

13.7.3　劳动节促销

劳动节又称"五一国际劳动节",是世界上80多个国家的全国性节日,定在每年的五月一日,它是全世界劳动人民共同拥有的节日。

商场(超市)开展劳动节促销应做好以下几项工作。

(1)很多地区5月开始进入夏季,很多家庭要更换家纺用品,因此,商场(超市)可以对夏凉家纺、防晒型化妆品加强促销,同时对春季的衣物进行换季清仓促销。

(2)推出可乐、凉茶等各种饮料专区,加强对饮料的促销。

(3)商场(超市)可以设置专区,摆放劳动者相关用品等。

13.7.4 母亲节促销

每年5月的第2个星期天,是"母亲节"。这个节日为天下母亲所设,是一个充满温馨的节日。

商场(超市)开展母亲节促销应做好以下几项工作。

(1)康乃馨是母亲节子女们送给母亲的常见花朵,商场(超市)可以设置康乃馨专区,摆放大量康乃馨,供人购买。

(2)推出滋补类、妈妈服饰类等特价商品。

(3)商场(超市)可以推出化妆品,如洗面奶、护肤霜等,进行促销。

(4)商场(超市)可以推出购物满多少元送鲜花的活动,如图13-10所示。

图13-10 母亲节促销活动截图

13.7.5 儿童节促销

每年的6月1日是儿童节,是属于世界各国儿童们的节日。

商场(超市)开展儿童节促销应做好以下几项工作。

(1)对饼干、糖果、玩具等商品实施特价促销,吸引家长携带儿童前来购买。

(2)设置童装、童鞋专区,进行适当折价销售(图13-11)。

(3)举行儿童抽奖活动,对获奖的儿童奖励适当数量的文具、玩具。

(4)安排专人举行儿童游戏,通过游戏吸引儿童及其家长参加并进入商场(超市)消费。

图 13-11 儿童节服装促销活动截图

13.7.6 端午节促销

端午节为每年农历五月初五,又称端阳节。端午节有吃粽子,赛龙舟,挂菖蒲、蒿草、艾叶,薰苍术、白芷,喝雄黄酒的习俗。

商场(超市)开展端午节促销应做好以下几项工作。

(1)商场(超市)应设置粽子专卖区,联系各大粽子供应商,加强对粽子的促销。

(2)安排专人现场制作熟的粽子,当场试吃、销售。

(3)采购小龙舟模型用于促销。

(4)将粽子与冷冻水饺等冷冻食品进行捆绑销售。

13.7.7 中秋节促销

中秋节是每年农历八月十五,是中国的传统节日。

商场(超市)开展中秋节促销应做好以下几项工作。

(1)与各大月饼供应商合作,提前设置月饼销售专区,专门销售月饼(图13-12)。

(2)中秋节时很多人会向人送礼,商场(超市)要准备好用于销售的礼品,如烟、酒等,做成礼品盒的形式用于销售。

(3)在月饼促销的同时也加强对各式糕点的促销,具体可采用折价、降价等方式。

图13-12 中秋节月饼促销活动截图

13.7.8 国庆节促销

在我国,国庆节特指中华人民共和国正式宣告成立的10月1日。根据国家规定,我国人民国庆节享有3天法定假日。

商场(超市)开展国庆节促销应做好以下几项工作。

(1)国庆长假,出去玩的人多,往往要携带薯片、可乐等休闲食品,商场(超市)应加强对这方面的促销安排。

(2)国庆节期间,很多人选择外出旅游、登山等,商场(超市)应对运动鞋、运动服、登山用品等户外用品进行促销。

(3)很多顾客国庆出游会面对阳光直射,为保护皮肤,需要大量护肤用品。商场(超市)要加强对防晒护肤商品的促销,促进更多顾客入店购买护肤用品。

【范本1】

××商场元旦促销方案

一、活动目的

讲究新年的"新",突出好礼的"礼"。将节日休闲购物与享受实惠娱乐完美结合,让顾客在卖场内感受到新年的愉悦和购物的乐趣,充分体现××

商场的家园式购物氛围及无微不至的人性化服务。

二、活动时间

1月1日～3日。

三、活动主题

新年新景象，××好礼多。

四、活动安排

（一）寒冬送温暖——新款羽绒服热卖（1月1日～3日）

羽绒服为冬季时令性商品，现正处于销售旺季，在二楼中厅布置大型羽绒服特卖场，展销如康博、波司登等各大品牌羽绒服，5～7折热卖（部分折扣较低厂家可与超市共同承担扣点）。

（二）新年送惊喜——爱心大换购（1月1日～3日）

凡在本商场购物满300元，加6元可换购价值18元的商品（如：微波炉保鲜盒）；购物满2000元，加6元可换购价值88元的商品（如：电饭煲一个、电吹风一个）；购物满3000元，加6元可换购价值188元的商品（如：电磁炉一个）；购物满5000元，加6元可换购价值300元的商品（如：手机一部或DVD一台）。

操作说明：凭购物小票至服务台换购商品，并在小票上盖章以示有效，如某商品已换购完，可用同价值商品替换。

（三）海报换礼品——剪角来就送（1月1日）

为吸引人气，烘托节日气氛，为节日期间来商场的顾客带来一份惊喜，凡凭本商场节日活动促销彩页特设定的"好礼剪角"和购物小票（金额不限），均可到客服中心获赠××商场日历一本，限每人一份，赠完为止。

（四）好礼贺新年——购物送会员（1月1日～3日）

为更好地挖掘潜在客源，发展会员，为商场带来稳固的消费群体，同时为春节消费高峰提供更多的客流保证，值元旦促销之际，特举行购物送会员卡活动。活动期间凡在本商场购物满200元以上，均可免费获赠会员卡一张，不累计赠送（已赠者小票加盖已赠章，由市场部组织，配合实施）。

五、活动评估

本次促销活动旨在宣扬商场节日气氛，烘托商场购物氛围，吸引更多的顾客，送实惠及娱乐于大众，对商场销售的提升及形象塑造均有较大益处。

各促销措施需得到厂家支持，各相关业务部门应与厂商积极协商，方可达到事半功倍的效果。商场各部门针对本次活动应积极实行人员及物资的配合，特别是人力资源部门，应及时组织相关工作人员到卖场协助工作的开展。

本次活动应成立专门指挥小组，由总经理为组长，统一指挥，统一调度，为活动的顺利开展做好充分的后台工作。

六、媒体宣传

（一）杂志宣传

在本地最有影响力的商业杂志《××在线》上做一整版（彩版）广告。

（二）彩页宣传

制作一期大小8开纸质彩色宣传页，内容以元旦期间本商场活动内容和特价商品为主（附带有领取赠品剪角），员工散发或夹报发送。（截止到12月28日前散发完毕）

（三）报纸

发布时间：12月30日。

报道主题：××商场新年氛围的营造及好礼的赠送！（特卖+赠送+文演+娱乐）

（四）网络媒体

在当地点击率最高的"××信息港"首页"行业快讯"栏目设立活动专页链接。

（五）电视媒体

15秒配音字幕广告（节前一周，每晚播放两遍）。

【范本2】

××商场五一劳动节促销方案

一、活动目的

本次促销活动主要是由消费者直接参与的项目。这次活动，不仅促进商品销售，提升企业形象，还增强民众素质，美化心灵，满足顾客的精神需求。

二、活动时间

5月1日~5月3日。

三、活动主题

我劳动,我美丽。

四、活动安排

(一)美丽展示(5月1日10:00~16:00)

1.地点:商场舞台以及各时装展卖楼层。

2.内容:在舞台或楼层,设时装表演展台;由本市著名模特表演公司友情串场,指导顾客自己过一把模特瘾。只要学做一遍模特表演,就可以获得该品牌时装半价优惠,或直接赠送,详细优惠内容,见现场海报;参展模特可获得免费造型照片3张;当天评出最佳表演者、最佳创意者、最佳搞笑者,获奖者可获得商场荣誉证书称号,赠券300元,并有机会做商场兼职模特。

3.准备:各种时装品类排定、道具、更衣室、保安、音响、摄影、赠券、模特队。

(二)劳动者美丽(5月2日10:00~16:00)

1.地点:商场舞台。

2.内容:

(1)市、区两级劳模现场颁奖,政府主持(须联络),奖品由商场发放。(本部分有社会意义,还可能招来新闻记者,取得新闻营销效果。)

(2)商场柜组劳模演讲、事迹介绍。(本部分能加强劳动荣誉感,提高企业凝聚力,联络和顾客之间友谊。)

(3)家庭劳模评选:现场观众自愿上台介绍自己"在家庭工作的典型事迹",评出一二三等奖,商场适当奖励。(本部分应该热闹搞笑,建议分设几种家庭工作类别,洗衣、做饭、带小孩,每个类别设一套问题,谁回答的最完整、掌声最多,即可胜出。)

(4)和劳模一起工作:设15个柜台岗位,现场观众自愿报名参加和本柜台劳模一起工作,商场给予一定报酬;想要购买该商品,可以在柜组协助售货,售出一件商品,奖励一定折扣。(本部分持续时间长,覆盖顾客范围广、影响大,可以让顾客知道营业员有多辛苦,加深双方友谊和相互理解信任。)

3.活动准备:设定一起工作的柜组和注意事项、临时工作牌,折赠商品;评选回答问题;商场内部劳模事迹牌、光荣榜、流动红旗等;颁奖所需奖品、政府领导联络、接待以及新闻通稿。

（三）美丽品牌我心仪（5月3日10:00～16:00）

1.地点：商场舞台。

2.内容：商场商品性价对比调查展示会。

届时将会有99种商场热销品牌，在商场的销售、服务情况调查结果现场展示，证明我商场商品质量好、价格低、服务优。

凡是在我商场4月有购物价值2000元以上的顾客和本月在我商场已经购物满2000元的顾客，可以凭购物证明，领取商品调查表1张，调查完毕后于5月2日晚6:00前送到商场服务台，即可获得价值25元礼金券一张。

5月3日将调查结果展示在商场舞台。现场还有抽奖活动，调查者有机会获得价值若干的某品牌商品。（其间穿插进行被调查品牌厂家促销活动）

3.准备：提前通告、调查表、调查总结、现场布置、奖品、参加厂家、自备调查结果。

五、媒体宣传计划

1.一周前广告预热。

2.主题说法，某商场将在劳动节期间全新推出"我劳动，我美丽"大型系列活动，敬请关注。

【范本3】

××超市儿童节促销方案

一、活动目的

每年的6月1日是国际儿童节，在这一天，很多家长会陪孩子出去玩，为了把握这次商机，××超市针对儿童节制定了促销方案。儿童节促销活动不仅能带动人气，促进相关商品的直接销售，而且能建立良好的企业形象，增强品牌势能。同时希望通过这次儿童节的促销活动能提高××在少年儿童心目中的影响力，借助儿童节来提高成人的消费，以特别的比赛互动形式来营造儿童节的欢乐气氛，促进儿童商品的销售。

二、活动时间

5月27日～6月3日。

三、活动主题

庆"六一",欢乐送;活动多,礼品多。

四、促销商品

主要是儿童类消费品,比如童装、童鞋、玩具、文具、体育用品、图书、零食饮料等。

五、促销宣传

人员宣传:在××超市门口安排人员对过往的人进行宣传(主要针对带着小朋友的家长),吸引他们进来参加促销活动。

派发传单:安排工作人员到幼儿园、小学和初中发放宣传单,扩大本次促销的知名度。

六、活动安排

(一)儿童类商品88折销售

活动时间:5月27日~6月3日。

活动地点:××超市。

活动对象:任意消费者。

活动内容:在本次活动期间,购买童装、童鞋、儿童用品、学生用品,以及指定的零食和饮料全场,6~9折,其中根据商品的利润和销售量来确定商品的打折力度。

(二)卡通面具大放送

活动时间:5月27日~6月3日。

活动地点:××超市六一儿童节领取礼品的专柜。

活动对象:不管是成人还是小朋友都可以凭票领取卡通面具。

活动内容:1000个卡通面具免费发放,凡在超市进行消费的消费者可以凭购物发票免费领取卡通面具一个。

(三)个个有奖,礼品大放送

活动时间:5月27日~6月3日。

活动地点:××超市儿童节领取礼品的专柜。

活动对象:不管是成人还是小朋友都可以参加抽奖。

活动内容:凡在××超市消费满50元的消费者可以凭借购物小票到××超市儿童节领取礼品的专柜进行抽奖,每个人都能获得一份奖品。

奖品如下：

特等奖1名：英汉电子词典。

二等奖10名：乒乓球拍一副。

三等奖50名：铅笔一支。

安慰奖：促销气球一只。

(四)免费摄影机会放送

活动时间：5月27日～6月3日。

活动地点：××超市儿童节领取礼品的专柜。

活动对象：不管是成人还是小朋友都可以凭票领奖。

活动内容：××超市与附近的摄影楼进行合作，凡在××超市消费满200元的消费者可以凭借购物小票到××超市儿童节领取免费的摄影券，家长可以凭票带着小朋友到与超市合作的影楼进行1张10寸照片的拍摄并冲洗照片。

(五)魔术智慧片拼图比赛

活动时间：5月31日～6月1日，每天早上9:00～11:00，下午3:00～5:00。一共举行24次比赛。

活动地点：××超市门口广场。

活动对象：4～15岁的小朋友。

比赛分组：4～6岁一组，7～10岁一组，11～15岁一组。每组20个小朋友，拼图的难度依次增加。

活动限时：8分钟。

活动内容：参赛儿童在规定时间内将打乱的拼图拼好，在比赛规定时间内完成的小朋友可以直接获得他手中完成的拼图并领取气球一个，同时每场比赛第一个完成的小朋友可以获得喜羊羊布偶一只。

(六)爸爸妈妈比画，宝宝猜比赛

活动时间：5月31日～6月1日，每天早上8:30～11:00，下午2:00～5:00。

活动地点：××超市门口广场。

活动对象：4～15岁的小朋友。

比赛分组：4～6岁一组，7～10岁一组，11～15岁一组。

活动限时：5分钟。

活动内容：参加比赛的家庭选出一位家长和小朋友一起参加本次活动。由家长比画物品，小朋友来猜。所选取的物品是小朋友经常接触的物品，难度根据小朋友的年龄不同有所不同，4～6岁，7～10岁，11～15岁，难度随着年龄的增加而增加。能猜出2个的小朋友可以领取气球一只，猜出5个的小朋友可以领取铅笔一支，猜出10个小朋友可以领取娃哈哈"爽歪歪"一瓶，猜出20个小朋友可以领取喜羊羊玩偶一只。

七、注意事项

（一）保证比赛和抽签的公平性

在本次促销活动中必须保证抽奖和比赛的公平公正。由于参加比赛的小朋友年龄段不同，比赛的难度有所差异，我们要尽量做到比赛的公平，避免在比赛中有不公正的行为，引起家长的不满和反感，提高顾客对我们××超市的认可度。

（二）保证奖品存量足够

由于本次促销活动，需要发放很多的奖品，我们要确认奖品存量的充足，避免有顾客来领取奖品或者抽取奖品时，奖品却不够的尴尬情况。

（三）提早准备好比赛现场

提早搭建好比赛的场地，工作人员早点就位，避免小朋友来了，比赛现场由于一些原因还不能开始，比如工作人员没有就位，比赛现场还没搭建好，话筒出现问题等。

（四）确保活动的安全性

确保本次促销活动中人员安全，避免由于人多、比赛而产生的一些不安全的情形，比如说小朋友私自去抢奖品，小偷偷窃，多人发生踩踏等。确保每个来到我们××超市的顾客和小朋友都能愉快地来，愉快地走。

（五）现场氛围营造

节日活动气氛包括两部分。一是现场氛围，包括气氛海报、POP张贴、装饰物品的布置、恰到好处的播音与音乐，这些将会在很大程度上刺激顾客的购买欲望。具体而言，做好主题广告宣传，从色彩、标题到方案、活动等要均突出节日氛围，以主题广告营造节日商机。另外一种氛围就是员工心情，这就要看组织者是否能够调动员工的积极心态。其中最有效的方法就是制定一个恰当的任务与销售目标，活动结束后按照达成率情况进行奖赏。

【范本4】

××超市端午节促销方案

一、活动目的

五月初五端午佳节时，中华民族都有赛龙舟，挂艾蒿，饮雄黄酒，吃粽子、咸蛋、绿豆糕等习俗的传统。通过举办一系列活动，营造端午过节气氛，从而吸引顾客前来参与购买，提高销售额。

二、活动时间

6月15日～6月20日。

三、活动主题

万水千山"粽"是情。

四、活动安排

（一）粽香千里，免费品尝（6月15日9:00～11:00）

活动期间在现场设免费试吃台，为您准备好了多款美味香浓的粽子和绿豆糕，让你边品尝，边购物，过一个欢乐愉快的端午节。机会难得，请勿错过！

活动细则：

1.活动道具准备：粽子、绿豆糕试吃品（由供应商提供），蒸锅1个、试吃台1个，托盆3个，一次性塑料杯20条（小）、牙签2盒。

2.注意现场整洁和卫生。

3.现场叫卖促销，宣传活动。

（赠品和道具由供应商赞助）

（二）粽香千里，情系万家（6月15日～6月18日）

1.凡在活动期间于本超市一次性购物满138元，即可凭电脑小票到服务台领取"福、禄"粽子一个（每天限200个）。

2.凡在活动期间于本超市一次性购物满298元，即可凭电脑小票到服务台领取"寿、喜"咸蛋一盒（六个装）（每天限100盒）。

3.凡在活动期间于本超市一次性购物满600元，即可凭电脑小票到服务台领取"福、禄、寿、喜"包一个（粽子1个、咸蛋一盒）（每天限30份）；赠品数量有限，送完为止。

4.活动细则：

（1）活动赠品进行生动性陈列，并于赠品上贴上"福、禄、寿、喜"字样。另外，印刷带有"福、禄、寿、喜"加上店名字样广告小气球，进行门店派发。

（2）服务台员工严格登记赠品的派送情况，并于活动结束后将赠品登记表上传市场营销部。

（三）"福、禄、寿、喜"送老人尊老敬老爱心行（6月16日端午节）

尊老敬老是中华民族的传统美德，本超市将于6月15日下午14:30～17:30于本超市设包粽子处，盛邀您参加"'福、禄、寿、喜'送老人，尊老敬老爱心行"活动。届时将为您准备好包粽子的所需材料，让您一展身手。同时，将把您包的粽子于端午节（6月16日）上午送给社区的老人，以表对老人的一份爱心。参加此活动的顾客均可得到本超市送出的精美礼品一份。

活动细则：

1.门店企划部和店内员工准备好长桌放于商场出口处，并作现场气氛布置，特别布置"'福、禄、寿、喜'送老人，尊老敬老爱心行"横幅，以宣传活动，提升公司形象。

2.店内员工准备好包粽子的各种材料，在桌上分4处放置好。

3.现场须有本超市员工带头包粽子，促销员口头语言提醒和诱导顾客参加活动，并准备好活动赠品。

4.在蒸熟的各个粽子上分别贴上"福、禄、寿、喜"红字，将粽子装在礼篮中，并在礼篮上贴上"'福、禄、寿、喜'送老人"字样。

5.店人事处于活动前两天联系好各店要慰问的老人院，确定慰问时间和活动流程。

6.由店长、企划部经理等店领导带领店内员工和热心顾客一同去拜访老人，为其送上礼物，以表慰问。

7.店企划部做好后勤和宣传工作，将活动的过程和效果进行拍照并于活动结束后上传市场营销部。

五、活动宣传

1.店企划于6月3日将喷绘好的活动内容宣传板告示板摆在店正门口显眼

位置和服务台做前期宣传。

2.活动期间，店内广播准确、简洁播放活动内容，播放频率不得小于15分钟/次。

3.活动期间，店收银员和员工积极主动告知顾客参加促销活动。

4.加强对促销员的促销意识培训，让其明白搞好××超市的促销活动与其是互利的，使其积极主动地融入××超市的促销活动中来，做好促销活动的口头宣传。

【范本5】

××超市中秋节促销方案

一、活动目的

本次促销主要是以中秋月饼的消费来带动卖场的销售，以卖场的形象激活月饼的销售。预计日均销量在促销期间增长8%～18%。

二、活动时间

9月1日～9月20日。

三、活动主题

团团圆圆过中秋。

四、活动内容

（一）促销活动安排

1.买中秋月饼送百事可乐

买108元以上中秋月饼送355毫升百事可乐2听。（价值5元）

买200元以上中秋月饼送1250毫升百事可乐2瓶。（价值13元）

买300元以上中秋月饼送2000毫升百事可乐2瓶。（价值15元）

2.礼篮

298元礼篮：龙凤呈祥香烟+加州乐事葡萄酒+价值120元中秋月饼。

198元礼篮：双喜香烟+长城干红+价值80元中秋月饼。

98元礼篮：价值40元中秋月饼+20元茶叶+加州西梅。

3.优惠活动

在促销活动期间，在卖场凡购物满280元者，均可获赠一盒精美月饼

（价值20元/盒）。

在9月10日的教师节，进行面向教师的促销：凡9月9日~10日两天在本超市购物与消费的教师，凭教师证可领取一份精美月饼或礼品（价值20元左右）。

（二）整合促销

1. 广告

在内部电视广告中上，隔天滚动播出促销广告，时间9月1日~9月20日，每天播出16次，15秒/次。

2. 购物指南

在9月1日~9月20日的"购物指南"上，积极推出各类促销信息。

3. 店内广播

从卖场的上午开业到打烊，每隔一个小时就播一次相关促销信息的广播。

4. 卖场布置

（1）场外。

①在免费寄包柜的上方，制作中秋宣传。

②在防护架上，对墙柱进行包装，贴一些节日的彩页来造势。

③在广场，有可能的可悬挂气球或拉竖幅。

④在入口，挂"××超市庆中秋"的横幅。

（2）场内。

①在主通道、斜坡的墙上，用自贴纸等来装饰增强节日的气氛。

②整个卖场的上空，悬挂由促销产品公司提供的挂旗。

③在月饼区，背景与两个柱上布"千喜月送好礼"的宣传；两边贴上促销产品的促销宣传。

④月饼区的上空挂大红灯笼。

（三）具体操作

1. 移动电视频道的15秒广告，由公司委托××广告公司制作，在广告合同中应当明确不同阶段的广告内容；预订在8月28日完成。

2. 购物指南由采购部负责拟出商品清单，市场部负责与××晚报印刷厂联系制作；具体见该期的制作时间安排。

3. 场内广播的广播稿由市场部来提供，共3份促销广播稿，每份均应提前2天交到广播室。

4. 场内外布置的具体设计应由市场部、美工组负责，公司可以制作的，由美工组负责，无能力制作的，由美工组联系外单位制作，最终的布置由美工组来完成。行政部做好采购协调工作；预订场内布置在8月28日完成。

5. 采购部负责引进月饼厂家，每个厂家收取500元以上的促销费。同时负责制订月饼价格及市场调查计划，在8月10日前完成相关计划。

6. 工程部安排人员负责对现场相关电源安排及灯光的安装，要求于8月28日前完成。

7. 防损部负责卖场防损及防盗工作。

8. 生鲜部负责自制精美月饼的制作。

（四）注意事项

1. 若场外促销的布置与市容委在协调上有困难的，场外就仅选择在免费寄包柜的上方制作中秋宣传。

2. 若在交通频道上的宣传不能达到效果时，可选择在报纸等其他媒体上进行补充宣传。

3. 市场部应进行严格的跟踪，对出现的任何异样及时进行纠正。

【范本6】

××超市国庆节促销方案

一、活动目的

为了更好地做好"十一"长假的促销工作，提高企业的知名度，将把十月黄金周打造为本超市的"销售黄金周"。

二、活动时间

9月25日~10月10日。

三、活动主题

欢度国庆，欢乐购。

四、活动安排

（一）免费发送国庆纪念章（10月1日）

10月1日当天凡到本超市购物者（不受消费金额限制），均可在服务台领取国庆纪念章一枚。

(二)包罗万象,运动走四方(9月25日~10月7日)

"十一"长假出行的人较多,而运动服饰因其休闲性是旅游的首选,包类产品更是必备品,在本超市购××或其他品牌正价货品可享受8折优惠。

(三)运动形象广场秀(10月1日上午)

前期准备:模特雇用、服装提供、T形台布置、音响、综合彩排。

主题:运动形象。

配饰:卖场运动配件。

费用支出:模特费、饮料(可用现调机)。

宣传配合:现场散发本超市"十一"活动的清单,印制彩页,彩页上附抵用券、超市知识有奖问答。

(四)运动大力士"掰手腕"大赛(10月2日下午)

地点:篮球场,设台子(需赶制)。

比赛方式:现场报名,抽签分组,三局两胜。

人员配合:裁判一名、编排一名、现场主持一名。

(五)亲子活动系列(10月3日下午)

活动内容:抢板凳,踩气球,铿锵二人行(老少配)。

地点:足球场内。

报名:凡是家长携小孩均可免费报名参加。

五、媒体宣传

××交通广播网,每天广播9次,套播时间20秒。

××经济广播电台,每天广播9次,套播时间20秒。

××晚报彩色通栏。